OEUVRES

DE

MOLIERE

ILLUSTRATIONS

PAR

JACQUES LEMAN

LES FASCHEUX

PARIS

CHEZ ÉMILE TESTARD ET Cⁱᵉ, ÉDITEURS

10, RUE DE CONDÉ

1888

OEUVRES

DE

J.-B. P. DE MOLIÈRE

LES FASCHEUX

JUSTIFICATION DU TIRAGE

Il a été fait pour les Amateurs un tirage spécial sur papier de luxe à 1,000 exemplaires, numérotés à la presse.

		NUMÉROS
125 exemplaires sur papier du Japon.		1 à 125
75 — sur papier de Chine.		126 à 200
200 — sur papier Vélin à la cuve.		201 à 400
600 — sur papier Vergé de Hollande		401 à 1000

OEUVRES

DE

MOLIERE

ILLUSTRATIONS

PAR

JACQUES LEMAN

NOTICES

PAR

ANATOLE DE MONTAIGLON

PARIS

CHEZ EMILE TESTARD ET C.IE EDITEURS

10 RUE DE CONDÉ

M.DCCC.LXXXVIII

Ⓒ

NOTICE DES FASCHEUX

E Divertissement des *Fascheux* se trouve, dans l'œuvre de
Molière, être le commencement de deux choses. L'une
est générale; c'est la première pièce à tiroirs qui soit
restée en vue; par là, elle a mérité d'avoir eu et elle con-
tinuera d'avoir toute une lignée. L'on en peut, avant
eux, citer quelques exemples, et, dans le nombre, deux
spirituelles fantaisies de Saint-Evremont et de Desmarets. Les dialo-
gues n'y sont pas davantage une Pièce; l'action y est si légère qu'elle
n'existe pas; c'est une suite ininterrompue de conversations et de croquis
détachés.

Si *les Académistes* de Saint-Evremont, satire littéraire et nominale des
méchants poètes de la première Academie, écrite sans préoccupation de
la Scène et non jouée, ont été repris et refondus par leur auteur en 1680,
leur première forme avait été imprimée en 1650, et ils dataient originai-
rement de 1643. *Les Visionnaires* de Desmarets de Saint-Sorlin, l'un des
poètes ordinaires de théâtre de Richelieu, dont les cinq actes, joués avec
succès en 1647, ont été imprimés la même année, sont encore plus,
comme on eût dit un peu plus tard, un *Cercle* et une *Chambre* de portraits.

VII.   *a*

Les trois pecques, que leur père veut marier et qui ne veulent pas de maris parce que l'une est folle du grand Alexandre de Macédoine, l'autre de la Comédie, et la troisième parce qu'elle croit tous les hommes amoureux d'elle et ne veut pas faire le malheur du Monde entier; les quatre prétendus, un faux brave, un poète extravagamment vaniteux, un amoureux de toutes les héroïnes de romans, un pauvre diable qui se figure être riche, tous ne sont qu'une succession de portraits sans autre liaison que les efforts du pauvre bonhomme de père pour se débarrasser de ses filles.

Ces deux spirituels essais de Saint-Evremont et de Desmarets ont montré à Molière qu'à l'occasion on se pouvait passer de l'action, si on la remplaçait par la rapide variété d'une série de peintures incessamment renouvelées. *Les Oisifs* de Picard, *La Famille improvisée* d'Henri Monnier, cent autres Pièces, ne sont pas autre chose, mais elles ont leur principe dans les *Fascheux*, à qui elles doivent d'être possibles et d'être plus facilement acceptées.

La seconde nouveauté des *Fâcheux* est plus particulière à Molière et plus importante.

Jusque-là, il avait écrit pour lui-même et pour son Théâtre; il ne comptait qu'avec le public. Ici, pour la première fois, sa Pièce est conçue pour faire partie et partie intégrante d'une Fête; il lui fallait s'accommoder d'être jouée en plein air, d'être régulièrement interrompue par des danseurs et de se combiner avec des ronds de jambes et des sauteries de ballets. Molière a commencé là son rôle de Poète des plaisirs du Roi, et l'on sait comment il s'en est tiré à Fontainebleau, à Chambord et à Versailles; les Cérémonies du *Bourgeois gentilhomme* et du *Malade imaginaire* sont sorties de cette veine, qui se retrouve ainsi jusque dans sa dernière œuvre.

Quant aux *Fascheux,* leur représentation, qui a profité du beau cadre où elle a pris place, s'est, involontairement et par la force des choses, trouvée mêlée à une grosse tragédie, dont les éclats n'ont heureusement pas atteint le poète. On a souvent remarqué combien Louis XIV et Colbert ont hérité du Surintendant, combien ils ont chaussé ses souliers, et l'ont continué en suivant ses exemples et en employant les hommes dont Fouquet avait attaché la gloire à la sienne. Les magnificences de Vaux sont bien antérieures à celles de Versailles. Le Nôtre a été son Jardinier et Le Brun son Peintre, avant d'entrer au service de Louis XIV. Ses statues antiques ont enrichi les Palais royaux. Si les Termes de marbre, qui avaient été faits à Rome sur les dessins du Poussin et qu'on admire encore dans les deux quinconces qui bordent le *Tapis vert*, n'ont jamais été qu'à Versailles, ils devaient être dans les jardins de Vaux, pour lesquels ils ont été conçus et commencés. C'est de la Fabrique de Maincy, créée par Fouquet et pour lui, que les Gobelins sont sortis tout entiers; on n'a fait que transporter les ouvriers et les métiers au faubourg Saint-Marcel, si bien que dans les bordures de tapisseries déjà commencées l'écureuil a cédé la place au Soleil ou à la couleuvre.

Il n'en est pas tout à fait de même pour Molière. Oui, les *Fâcheux* ont été écrits pour la fête de Fouquet; si l'astre de sa fortune avait continué de briller, Molière en fût devenu l'un des satellites. Déjà, dans cette même année 1661, le 12 juillet, la onzième représentation de l'*Ecole des Maris* avait été le morceau principal d'une Fête, donnée à Monsieur, à Madame et à la Reine d'Angleterre; mais c'était la première fois que la Troupe venait chez Fouquet, et, dans la Fête de Vaux, c'était pour le Roi que Molière travaillait. Aussi n'eut-il pas une éclaboussure, et n'eut-il pas à subir d'interruption de faveur. Louis XIV avait trouvé la Comédie si à son gré qu'il se la fit rejouer deux fois de suite à Fontainebleau, et la première de ces deux représentations eut lieu le jour de la Saint-Louis, le 25 août 1661, neuf jours après celle de Vaux et deux mois avant qu'elle ne parût à Paris devant le public.

On sait du reste dans quelles circonstances et au milieu de quel orage les *Fascheux* ont été donnés. « Il n'y a personne », dit Molière lui-même avec une brièveté pleine de convenance, « qui ne sache pour quelle réjouissance la Pièce a été composée, et cette Feste a fait un tel éclat qu'il n'est pas nécessaire d'en parler. » Ce qui est sûr, c'est que la chute du Surintendant suivit de bien près la mort du grand Ministre, qu'il croyait bien avoir remplacé. Mazarin était mort au commencement de mars; la Fête de Vaux eut lieu le 17 août, et l'arrestation de Fouquet à Nantes est du 5 septembre. Comme Pélisson, qui devait plus tard devenir l'historien en titre de Louis XIV, fut arrêté le même jour que son maître, qu'il avait suivi à Nantes, il faut faire honneur à Molière d'avoir profité de ce que le Prologue était à la gloire du Roi pour maintenir, dans l'impression de 1662, « les vers que Monsieur Pélisson avait faits ». La mention du nom n'était pas seulement la constatation d'un fait, mais un acte de courage en faveur d'un homme alors à la Bastille et qui ne devait être mis en liberté qu'en 1666.

En août 1661, si la foudre grondait déjà sourdement, elle n'était pas encore tombée, et les spectateurs de cette Fête, qui dut encor ajouter à la colère du Roi, ne pouvaient que se laisser ravir de surprise en surprise et d'enchantements en enchantements.

Les décors de verdure avaient été composés par Le Brun. Torelli avait fait les machines de la pompeuse coquille, où parut, en Naïade, Madeleine Béjart au milieu de vingt jets d'eau naturels. Beauchamps, assisté d'excellents danseurs, avait réglé les agréments des ballets. La Du Parc et la De Brie figuraient parmi les femmes, et Molière jouait, non pas Eraste, tenu par La Grange, mais deux ou même trois rôles, Lysandre le danseur, Alcippe le joueur, peut-être aussi Caritidès, en attendant qu'il y joignît bientôt le rôle du Chasseur, postérieur aux fêtes de Vaux. Aussi le succès fut-il très grand, et nous avons là-dessus mieux que la *Gazette* et que Loret, dans la longue lettre enthousiaste que La Fontaine, un feuilletoniste *di primo cartello*, écrit, dès le 22 août, à son ami Maucroix. Elle est trop connue pour en citer quelque chose, parce qu'il la faudrait transcrire tout entière. En relisant les *Fascheux*, qui réussirent à la ville autant qu'à la Cour — c'est même une des Pièces de Molière, qui ont été le plus jouées, pendant tout le règne de Louis XIV et le premier tiers du XVIIIe siècle, — leur succès n'a rien qui surprenne aujourd'hui; ils sont aussi gais, aussi amusants, aussi vivants qu'au premier jour.

On n'a pas manqué de dire que Molière a pris sa Pièce aux Italiens; l'on a cité le *Pantalon interrompu dans ses amours*, dont on ne trouve la trace qu'à la fin du siècle et qui est devenu, sous Louis XV, *Arlequin dévaliseur de maisons*. Mais, en supposant même une antériorité que rien ne constate, la donnée et l'intérêt sont tout différents. Les importuns, qui se succèdent pour assaillir Pantalon, le font volontairement, avec malice et du fait de Scapin, qui les lui envoie et leur distribue leur rôle;

le pauvre Pantalon est donc le personnage ridicule et sacrifié, tandis
qu'Eraste est au contraire le personnage intéressant, et que les Fâcheux,
qui le harcèlent et le font enrager, ne sont pas des compères et des
marionnettes dont un autre tient les fils. Ils sont tous sérieux et de
bonne foi, ce qui est bien autrement comique.

Il est plus juste de rappeler, du temps même de Molière, les deux
Epîtres chagrines de Scarron, mort en 1660, l'une au Maréchal d'Albret
où il fait, d'une plume leste et rapide, l'énumération de toutes les sortes
de Fâcheux — le mot y est déjà et plusieurs fois — l'autre à M. d'Elbène,
où il s'étend sur un seul portrait.

En remontant plus haut, Molière n'a pas pu ne pas se souvenir — et
l'auteur de *Zélinde* le lui a dit à lui-même — de la merveilleuse huitième
Satire de Mathurin Régnier, une de ses plus alertes, de ses plus pitto-
resques, pour laquelle on sait qu'il avait une estime particulière; comme
aussi d'une des Satires d'Horace, la neuvième du second Livre : « Comme
je suivais la Voie sacrée, je rêvais, selon ma coutume, à je ne sais quelles
bagatelles, où je m'absorbais tout entier, quand un homme accourt, que
je ne connaissais que de nom.... », et voilà le poète envahi par un
bavard qui ne veut pas le quitter. Régnier, qui a peut-être dépassé son
modèle, est plus parti d'Horace que Molière ne les a suivis l'un et l'autre,
puisqu'il n'est question chez eux que d'un seul importun, tandis que
c'est, dans Molière,

> *Une ample comédie à cent actes divers ;*

mais, aussi bien dans ses tournées provinciales qu'à Paris ou chez le
Roi, n'avait-il pas été en proie à des nuées d'ennuyeux et de voleurs de
temps de toutes sortes? Les répétitions interrompues, les questions
incessantes, les visites malencontreuses quand il comptait pouvoir travailler ou se reposer, ne lui avaient pas épargné les matériaux. Il lui
suffisait de puiser dans le trésor de ses souvenirs personnels pour n'être
embarrassé que du choix. Là encore il a bien plus créé qu'imité.

Quelle observation de la nature et quelle souplesse dans ce défilé de
caractères à désespérer d'avance La Bruyère! Au commencement du
troisième Acte, Eraste appelle « son plus rude Fâcheux » l'intraitable

Tuteur d'Orphise. C'est plus qu'un ennuyeux; c'est le Fâcheux de fonds, en actes et pas seulement en paroles oiseuses, en gêne et en occasions perdues; il faut, comme il est le nœud de l'action même, le retrancher du nombre.

Par contre, il y a en a onze bien comptés, neuf hommes et seulement deux femmes, ce qui est poli, car Molière n'eût pas manqué de Fâcheuses, s'il en eût cherché.

L'amusant c'est qu'il y a des Fâcheux avant qu'il en paraisse un seul, et c'est Eraste lui-même qui, pour se distraire des ennuis de l'attente, s'amuse, pour lui-même, à faire à son Valet le récit en monologue de sa mésaventure de la Comédie, et Dieu sait si Molière avait dû plus d'une fois pester contre les incartades et les sottises des spectateurs assis sur les chaises de paille de la scène.

Ainsi le premier Fâcheux ne paraît qu'en récit, ce qui est une rare habileté puisque la séric commence sans en avoir l'air et, après cette exposition indirecte, continue de la même façon par le propre Valet d'Eraste, qui n'est pas un Fâcheux, et qui en est un, par ses soins intempestifs.

Comme on voit, il y en a déjà deux avant que le premier fasse son entrée, à laquelle le spectateur est ainsi déjà préparé, et il sait déjà que le Marquis Eraste, doux et poli, aussi bien élevé que Philinte et répugnant aux coups de boutoir qui disent leur fait aux gens, les subira jusqu'à la fin.

Il fait bonne contenance, au premier Acte, contre le Musicien amateur, et le Duelliste qui veut l'avoir pour Second — dans l'Acte suivant contre le joueur de piquet, les deux Précieuses et le Chasseur à courre ; mais, au troisième Acte, comme il a affaire à de purs sots et à un spadassin, l'agacement le prend à la fin et il les traite de plus haut. Si la Pièce se prolongeait, il en arriverait aux vertes franchises d'Alceste.

Ceux des Fâcheux qui sont sots font rire parce qu'ils sont ridicules. C'est d'abord le jeune sot de Cour, Lysandre l'évaporé, puis les deux Comiques, Caritidès et Ormin.

Le premier a fait souche. En Angleterre Addison, dans le vingt-deuxième Discours du *Spectator*, et l'auteur du pamphlet Espagnol publié en 1785 : *Bello gusto satirico de inscripciones*, relèvent de Molière.

Quand il donne à Ormin le beau projet de changer toutes les côtes de France en ports de mer, s'est-il souvenu de la Nouvelle des deux Chiens de Cervantes, où l'*Arbitrista* ne demande que vingt ans pour décharger l'État de toutes ses dettes en faisant jeûner, un seul jour par mois, tous les sujets du Roi d'Espagne, ce qui, à un réal et demi, donnerait, tous les mois, trois millions de réaux ? Pour être tout autre, l'idée est plus qu'analogue. Ormin et l'*Arbitrista* sont bien de la famille; ce sont au moins des cousins germains.

Ceux-là sont des marionnettes et des fantoches; les autres n'en sont pas. Alcipe est un Joueur, et Dorante un Chasseur; ils sont tous deux convaincus et croient que c'est arrivé, mais ils n'ont rien d'une bête. Ils ont une idée, une passion, et ils suivent leur chemin sans s'inquiéter de celui des autres. Ils ne sont pas les seuls en ce monde. Eraste est comme eux. Une femme vaut mieux que tous les jeux de cartes et tous les chevaux, y compris tous les cerfs; mais enfin lui aussi, qui ne voit qu'Orphise, ne pense qu'à une chose. Si Eraste avait le temps, si ses deux amis ne venaient pas malencontreusement lui jeter des bâtons dans ses roues, il les écouterait, il les ferait parler, il s'intéresserait à leurs malheurs, comme nous-mêmes, mais il se trouve qu'il a toujours l'esprit ailleurs. Le spectateur, ou le lecteur, — car on joue trop peu les *Fascheux* qui pétilleraient à la scène — s'intéresse à tout le monde, à la contrariété d'Eraste, comme à la passion naïve des autres. Ils ne sont Fâcheux que pour Eraste, au moment précis qu'on nous montre et par le fait de la situation, mais en eux-mêmes ce ne sont pas des Fâcheux; c'est une merveille du poète de nous intéresser à la fois à la victime et à ses bourreaux.

S'ennuie-t-on au *Débat* de Climène et d'Orante, qui viennent rompre, par la grâce d'une note féminine, la revue et l'assaut des Fâcheux? Eraste a l'air de les écouter; il les entend à peine d'une seule oreille; il regarde dans l'allée de droite et dans l'allée de gauche, — côté cour et côté jardin — et pourtant la querelle est de tous les temps. Dans les *Babyloniques* du Syrien Jamblique, un romancier du second siècle, qui mêlait ensemble la langue de la Grèce et l'esprit de l'Asie, une jeune femme donne à un de ses amants sa coupe, au second sa couronne de fleurs et au troisième un baiser; on plaide alors, comme plus tard en Cour d'Amour, et l'Arrêt du Juge ne peut être qu'en faveur du baiser. Eraste, qui n'a pas déserré les dents, s'en tire à merveille, en galant homme et en homme d'esprit :

Le jaloux aime plus, et l'autre aime bien mieux,

mais les deux plaideuses sont fort intelligentes et des plus agréablement honnêtes. Ce sont encore des Précieuses, mais à la fois du meilleur monde et du meilleur esprit, fines, délicates et légéres. Elles sont mal à leur place pour Eraste, mais à une autre heure, la veille ou le lendemain, dans le salon de Célimène, où Alceste ne manquerait pas de donner sa voix au jaloux, même dans celui de l'honnête Elmire, Eraste aurait parlé et aurait tenu sa partie avec plaisir. Le gai, comme Eraste le craignait en l'espérant, c'est qu'Orphise passe enfin et fait un bout de scène de jalousie à ce pauvre Eraste, qui n'en peut mais et envoie les deux Avocates à tous les Diables.

Ne pourrait-on pas croire que ce morceau, d'un autre ton et d'une autre langue et dont la préciosité élégante ne détonne pas, par là même que le contraste en est ingénieux, était déjà à peu près écrit pour autre chose, peut-être depuis longtemps, et n'a eu qu'à être pris dans un tiroir pour être terminé et arrangé pour la scène?

Molière nous dit dans sa Préface que la Piéce a été écrite, répétée, jouée en quinze jours, et cela est vrai. Mais il y avait derrière bien des préparations, même des Farces, qui s'étaient prises à un Fâcheux ; il a dû les coudre ensemble et les récrire toutes. Personne, pas même Molière, n'observe, ne comprend, n'écrit en vers une chose pareille en une semaine, car il en faut bien une autre pour les répétitions. Il l'a bâtie, arrangée, écrite et mise sur pied avec ce qu'il y a changé, ajouté et improvisé — il avait le travail facile — mais avec ce qu'il avait déjà sous la main. La casuistique amoureuse des deux femmes en est une preuve; c'est un travail antérieur, commencé pour autre chose et terminé hâtivement sous le coup impérieux d'une Piéce à faire et à jouer *all' improviso*.

En même temps, au travers de cette improvisation réelle, à laquelle ont dû servir non seulement toutes sortes de pensées déjà étudiées, mais même des scènes esquissées et peut-être à moitié écrites, il passe, sans qu'on s'en aperçoive, des choses plus hautes et profondément contemporaines dans le grand sens.

A la fin du premier Acte, Alcandre, un des Fâcheux, vient demander à Eraste de lui servir de Second dans un duel indifférent.

Eraste, qui a servi quatorze ans et qui n'a pas à faire ses preuves de bravoure, s'y refuse.

Au troisième Acte, quand Filinte, croyant qu'Eraste a une querelle, se vient offrir pour être son Second, Eraste, qui n'a pas d'affaire à vider sur le pré, le renvoie et le traite de très haut.

Ce n'est pas la seule fois qu'incidemment Molière met en scène son opinion sur le duel. Il en avait déjà parlé dans *Sganarelle;* il y reviendra dans *Le mariage forcé,* les deux fois dans le sens comique. Eraste est plus sérieux. Il sait ce qu'il dit, et personne ne le prendra pour un lâche; il sait tenir une épée comme personne, mais le Roi a parlé. Une des raisons pour lesquelles Richelieu n'aimait pas *le Cid* et en a déféré le jugement à l'Académie Française, c'est que l'intérêt de l'action est fondé sur un duel. Mazarin et Louis XIV avaient suivi le grand Ministre et renouvelé ses édits. Molière, par la bouche d'Eraste, se range à l'avis et à l'ordre de son Roi.

Celui-ci aurait même, au sens moderne, un droit d'auteur sur les *Fascheux.* La scène de Dorante n'existait pas à Vaux. Molière n'y avait pas pensé et, le Roi lui ayant dit, en lui montrant Monsieur de Soyecourt, ou Saucour, comme on prononçait alors : « Voilà un grand original que tu n'as pas encore copié », s'empressa d'ajouter la scène.

M. de Soyecourt, très célèbre dans Tallemant pour ses exploits d'Hercule amoureux, ne fut Grand-Veneur qu'en 1669; mais il ne le devint que pour être depuis longtemps un grand chasseur devant le Seigneur. Molière lui a-t-il demandé des renseignements, ce qui serait tout simple ou les a-t-il pris, ce qui serait tout aussi simple, dans un livre de chasse ? Le dernier est le plus probable, mais cela est indifférent. Le curieux serait de savoir où Louis XIV le lui a dit. Il se peut que ce soit à la Fête de Vaux, mais le Roi a dû y parler aussi peu que possible. Il serait plus naturel que ce fût à Fontainebleau. Qui le sait et qui peut affirmer, dans

VII.   *b* un sens ou dans l'autre, en l'absence de la précision d'un témoignage contemporain inconscient et par là sérieux?

Ce qui n'est pas douteux, c'est la gaîté, le naturel et la variété du style des *Fascheux*. L'École romantique n'estime à ce point de vue que l'*Étourdi*, sans se rendre compte qu'au théâtre, dans un caractère et dans le mouvement d'une action, c'est le fond qui domine et qui maîtrise la forme; mais ici, dans une Pièce qui n'en est pas une, et où rien n'a de valeur que par le détail, elle pourrait aussi bien reconnaître la fantaisie, l'élégance et la science pittoresque à ce degré charmant de ne pas dépasser la mesure, et, avec le mouvement le plus varié, d'avoir toujours le renouvellement de la surprise et de rester dans le goût. Cela est si évident que cela ne vaut vraiment pas la peine d'être dit.

Une dernière remarque pour finir. On lit dans la Préface de Molière :

« Ce n'est pas mon dessein d'examiner si tous ceux qui se sont divertis aux *Fascheux* ont ry selon les règles. Le temps viendra de faire imprimer mes Remarques sur les Pièces que j'auray faites, et je ne désespère pas de faire voir un jour, en grand Autheur, que je puis citer Aristote et Horace. En attendant cet Examen, qui peut-être ne viendra point, je m'en remets assez aux décisions de la multitude, et je tiens aussi difficile de combattre un ouvrage que le Public approuve que d'en deffendre un qu'il condamne. »

On a vraiment trop exprimé de regrets que Molière ne nous ait pas laissé ce commentaire. Quand il a eu à répondre aux attaques de ses détracteurs, il l'a fait d'autre façon. C'est en dialogue et sur son théâtre qu'il défendra l'*École des Femmes* par la *Critique* et par l'*Impromptu de Versailles*. C'est par ses Placets au Roi qu'il défendra *Tartuffe*. Dans les deux cas, surtout dans le second, il était forcé de prendre la parole. Autrement on ne peut lui attribuer l'intention de vouloir faire lui-même la critique et l'apologie de toutes ses Pièces faites et à faire. Ne nous prévient-il pas que cet examen ne viendra peut-être point. C'est dire qu'il n'en a pas la pensée.

L'explication du passage pourrait être simple et toute contemporaine.

Corneille, qu'il avait joué, était passé aux grands acteurs de l'Hôtel de Bourgogne, et, dès 1660, c'est-à-dire un an avant les *Fascheux*, il avait commenté son œuvre, non seulement par trois Discours sur la Poésie dramatique, mais par des « Examens » particuliers de chacune de ses

Pièces. La convenance des dates, l'emploi du même terme, la façon dont Corneille a naturellement, et plus d'une fois, cité Aristote et Horace, me paraissent donner la clef et le vrai sens du passage de Molière. Il loue le « grand auteur » par la bouche du Fâcheux de sa première scène, mais il a glissé dans sa Préface une allusion indirecte, et pourtant fort claire, à la façon dont Corneille venait de se louer lui-même. La raillerie vient moins de l'écrivain que du Directeur de théâtre; c'est affaire de rivalité de Troupes.

ANATOLE DE MONTAIGLON.

LES

FACHEUX

COMEDIE

M. DC. LXII.

LES FASCHEUX

LES FACHEUX

COMEDIE

DE

J.B.P. MOLIERE

REPRESENTEE

SUR LE THEATRE DU PALAIS ROYAL

A PARIS
CHEZ GUILLAUME DE LUYNE
LIBRAIRE JURE . AU PALAIS
DANS LA SALE DES MERCIERS . A LA JUSTICE

M.DC.LXII.
AVEC PRIVILEGE DU ROY

JACQUES LEMAN

ARENTS.SC.

IMP . TAUTOR .

AU ROY

SIRE,

'ADJOUSTE une Scène à la Comédie, et c'est une espèce de Fascheux assez insuportable qu'un homme qui dédie un livre. VOSTRE MAJESTÉ en sçait des nouvelles plus que personne de son Royaume, et ce n'est pas d'aujourd'huy qu'Elle se voit en bute à la furie des Epistres dédicatoires. Mais, bien que je suive l'exemple des autres et me mette moy-mesme au rang de ceux que j'ay joués, j'ose dire toutefois à VOSTRE MAJESTÉ, que ce que j'en ay fait n'est pas tant pour luy presenter un Livre, que pour avoir lieu de luy rendre grâce des succès de cette Comédie. Je le dois, SIRE, ce succès qui a passé mon attente, non seulement à cette glorieuse approbation dont VOSTRE MAJESTÉ honnora d'abord la Pièce et qui a entraisné si hautement celle de tout le monde, mais encore à l'ordre qu'Elle me donna d'y adjouster un caractère de Fascheux, dont Elle eut la bonté de m'ouvrir les idées Elle-mesme, et qui a esté trouvé par tout le plus beau morceau de l'Ouvrage. Il faut avouer, SIRE, que je n'ay jamais rien fait avec tant de facilité, ny si promptement, que cet endroit *où* Vostre Majesté *me commanda de travailler. J'avois une joye à luy obéir, qui me valoit bien mieux qu'Apollon et toutes les Muses, et je conçois par là ce que je serois capable d'exécuter, pour une Comédie entière, si j'estois inspiré par de pareils commandemens. Ceux qui sont nez en un rang élevé peuvent se proposer l'honneur de servir* Vostre Majesté *dans les grans emplois; mais, pour moy, toute la gloire où je puis aspirer, c'est de la réjouir. Je borne là l'ambition de mes souhaits, et je croy qu'en quelque façon ce n'est pas estre inutile à la France, que de contribuer quelque chose au divertissement de son Roy. Quand je n'y réussiray pas, ce ne sera jamais par un défaut de zèle, ny d'estude, mais seulement par un mauvais destin, qui suit assez souvent les meilleures intentions et qui sans doute afligeroit sensiblement,*

     Sire,
       de Vostre Majesté,

               Le très-humble, très-obéissant
               et très-fidelle serviteur et subjet
                  J.-B. P. MOLIERE

XVII AOUT
M.DC.LXI.

AMAIS entreprise au Théâtre ne fut si précipitée que celle-cy, et c'est une chose, je croy, toute nouvelle qu'une Comédie ait esté conçeue, faite, apprise et représentée en quinze jours. Je ne dis pas cela pour me piquer de *l'impromptu* et en prétendre de la gloire, mais seulement pour prévenir certaines gens, qui pourroient trouver à redire que je n'aye pas mis icy toutes les espèces de Fâcheux qui se trouvent. Je sçay que le nombre en est grand, et à la Cour et dans la Ville, et que, sans épisodes, j'eusse bien pu en composer une Comédie de cinq Actes bien fournis, et avoir encor de la matière de reste. Mais, dans le peu de temps qui me fut donné, il m'estoit impossible de faire un grand dessein et de resver beaucoup sur le choix de mes Personnages et sur la disposition de mon sujet. Je me réduisis donc à ne toucher qu'un petit nombre d'Importuns, et je pris ceux qui s'offrirent d'abord à mon esprit, et que je creus les plus propres à réjouir les augustes personnes devant qui j'avois à paroistre; et, pour lier promptement toutes ces choses ensemble, je me servis du premier nœud que je pus trouver. Ce n'est pas mon dessein d'examiner maintenant si tout cela pouvoit estre mieux, et si tous ceux qui s'y sont divertis ont ry selon les règles. Le temps viendra de faire imprimer mes remarques sur les Piéces que j'auray faites, et je ne désespère pas de faire voir un jour, en grand Autheur, que je puis citer Aristote et Horace. En attendant cet examen, qui peut-estre ne viendra point, je m'en remets assez aux décisions de la multitude, et je tiens aussi difficile de combattre un Ouvrage que le Public approuve, que d'en deffendre un qu'il condamne.

Il n'y a personne qui ne sçache pour quelle réjouissance la Piéce fut composée, et cette Feste a fait un tel éclat, qu'il n'est pas nécessaire d'en parler ; mais il ne sera pas hors de propos de dire deux paroles des ornemens qu'on a meslez avec la Comédie.

Le dessein estoit de donner un Ballet aussi, et, comme il n'y avoit qu'un petit nombre choisi de Danceurs excellens, on fut contraint de séparer les Entrées de ce Ballet, et l'avis fut de les jetter dans les Entre-Actes de la Comédie, afin que ces intervalles donnassent temps aux mesmes Baladins de revenir sous d'autres habits. De sorte que, pour ne point rompre aussi le fil de la Piéce par ces manières d'Intermèdes, on s'avisa de les coudre au Sujet du mieux que l'on put, et de ne faire qu'une seule chose du Ballet et de la Comédie ; mais, comme le temps estoit fort précipité, et que tout cela ne fut pas réglé entièrement par une mesme teste, on trouvera peut-estre quelques endroits du Ballet qui n'entrent pas dans la Comédie aussi naturellement que d'autres. Quoy qu'il en soit, c'est un meslange qui est nouveau pour nos Théâtres, et dont on pourroit chercher quelques authoritez dans l'Antiquité ; et, comme tout le monde l'a trouvé agréable, il peut servir d'idée à d'autres choses qui pourroient estre méditées avec plus de loisir.

D'abord que la toile fut levée, un des Acteurs, comme vous pourriez dire moy, parut sur le Théâtre en habit de Ville, et, s'adressant au Roy avec le visage d'un homme surpris, fit des excuses en désordre sur ce qu'il se trouvoit là seul, et manquoit de temps et d'Acteurs pour donner à Sa Majesté le divertissement qu'Elle sembloit attendre. En mesme temps, au milieu de vingt jets d'eau naturels, s'ouvrit cette coquille que tout le monde a veue, et l'agréable Nayade qui parut dedans s'avança au bord du Théâtre et, d'un air héroique, prononça les Vers que Monsieur Pellisson avoit faits et qui servent de Prologue.

PROLOGUE

OUR voir en ces beaux lieux le
plus grand Roy du Monde,
Mortels, je viens à vous de
ma grotte profonde.
Faut-il en sa faveur, que la
Terre ou que l'Eau
Produisent à vos yeux un
spectacle nouveau?
Qu'il parle ou qu'il souhaitte, il n'est rien d'impossible;
Luy-mesme n'est-il pas un miracle visible?
Son règne, si fertile en miracles divers,

N'en demande-t-il pas à tout cet Univers?
Jeune, victorieux, sage, vaillant, auguste,
Aussi doux que sévère, aussi puissant que juste;
Reigler, et ses Estats, et ses propres desirs;
Joindre aux nobles travaux les plus nobles plaisirs;
En ses justes projects jamais ne se méprendre,
Agir incessamment, tout voir et tout entendre;
Qui peut cela, peut tout; il n'a qu'à tout oser,
Et le Ciel à ses vœux ne peut rien refuser.
Ces Termes marcheront, et, si Louis l'ordonne,
Ces arbres parleront mieux que ceux de Dodone.
Hostesses de leurs troncs, moindres Divinitez,
C'est Louis qui le veut; sortez, Nymphes, sortez;
Je vous monstre l'exemple, il s'agit de luy plaire.
Quittez pour quelque temps vostre forme ordinaire,
Et paroissons ensemble, aux yeux des spectateurs,
Pour ce nouveau Théâtre autant de vrais Acteurs.

Plusieurs Driades, accompagnées de Faunes et de Satyres, sortent des Arbres et des Termes.

Vous, soin de ses Sujets, sa plus charmante estude,
Héroïque soucy, Royale inquiétude,
Laissez-le respirer, et souffrez qu'un moment
Son grand cœur s'abandonne au divertissement;
Vous le verrez demain, d'une force nouvelle,
Sous le fardeau pénible, où vostre voix l'appelle,

Faire obéir les Loix, partager les bien-faits,
Par ses propres conseils prévenir nos souhaits,
Maintenir l'Univers dans une paix profonde,
Et s'oster le repos pour le donner au Monde,
Qu'aujourd'huy tout luy plaise, et semble consentir
A l'unique dessein de le bien divertir.
Fascheux, retirez-vous, ou, s'il faut qu'il vous voye,
Que ce soit seulement pour exciter sa joye.

La Nayade emmenne avec elle, pour la Comédie, une partie des gens
qu'elle a fait paroistre, pendant que le reste se met à danser
au son des Haut-bois, qui se joignent aux Violons.

Paul Pelisson

PERSONNAGES

ÉRASTE.
LA MONTAGNE.
ALCIDOR.
ORPHISE.
LYSANDRE.
ALCANDRE.
ALCIPE.
ORANTE.
CLYMÈNE.
DORANTE.
CARITIDÈS.
ORMIN.
FILINTE.
DAMIS.
L'ESPINE.
LA RIVIÈRE,
et deux Camarades.

JACQUES LÉMAN.   SMEETS SC.

IMP. DORMAL.

Au milieu du devant il a planté sa chaise,
Et de son large dos morguant les spectateurs.

JACQUES LEMAN

ACTE PREMIER

SCÈNE PREMIÈRE

ÉRASTE, LA MONTAGNE

ÉRASTE

SOUS quel Astre, bon Dieu,
faut-il que je sois né,
Pour estre de Fâcheux tou-
jours assassiné !
Il semble que partout le
Sort me les adresse,
Et j'en vois, chaque jour,
quelque nouvelle espèce.
Mais il n'est rien d'égal au Fâcheux d'aujourd'huy ;
J'ay creu n'estre jamais débarassé de luy,

Et, cent fois, j'ay maudit cette innocente envie
Qui m'a pris, à disné, de voir la Comédie,
Où, pensant m'égayer, j'ay misérablement
Trouvé de mes péchez le rude chastiment.
Il faut que je te fasse un récit de l'affaire,
Car je m'en sens encor tout esmu de colère.
J'estois sur le Théâtre, en humeur d'écouter
La Pièce, qu'à plusieurs j'avois ouy vanter;
Les Acteurs commençoient, chacun prestoit silence;
Lors que, d'un air bruyant et plein d'extravagance,
Un homme à grands canons est entré brusquement,
En criant : *Holà ! ho ! Un siège promptement !*
Et, de son grand fracas surprenant l'assemblée,
Dans le plus bel endroit a la Pièce troublée.
« Hé, mon Dieu, nos François, si souvent redressez,
Ne prendront-ils jamais un air de gens sensez, »
Ay-je dit, « et faut-il, sur nos défauts extrèmes,
Qu'en théâtre public nous nous jouïons nous mesmes,
Et confirmions ainsi, par des éclats de foux,
Ce que chez nos voisins on dit par tout de nous ? »
Tandis que là-dessus je haussois les espaules,
Les Acteurs ont voulu continuer leurs rôles;
Mais l'homme, pour s'asseoir, a fait nouveau fracas
Et, traversant encor le Théâtre à grans pas,
Bien que dans les costez il pust estre à son aise,
Au milieu du devant il a planté sa chaise,

Et, de son large dos morguant les spectateurs,
Aux trois quarts du Parterre a caché les Acteurs.
Un bruit s'est élevé, dont un autre eust eu honte ;
Mais luy, ferme et constant, n'en a fait aucun conte,
Et se seroit tenu comme il s'estoit posé
Si, pour mon infortune, il ne m'eust avisé :
Ha ! Marquis, m'a-t-il dit, prenant près de moy place,
Comment te portes-tu ? Souffre que je t'embrasse.
Au visage, sur l'heure, un rouge m'est monté
Que l'on me vist connu d'un pareil éventé.
Je l'estois peu pourtant, mais on en voit paroistre
De ces gens, qui de rien veulent fort vous connoistre,
Dont il faut, au salut, les baisers essuyer,
Et qui sont familiers jusqu'à vous tutoyer.
Il m'a fait, à l'abord, cent questions frivoles,
Plus haut que les Acteurs eslevant ses paroles.
Chacun le maudissoit, et moy, pour l'arrester :
Je serois, ay-je dit, *bien-aise d'escouter.*
— *Tu n'as point veu cecy, Marquis ? Ah ! Dieu me damne,*
Je le trouve assez drôle, et je n'y suis pas asne ;
Je sçais par quelles loix un Ouvrage est parfait,
Et Corneille me vient lire tout ce qu'il fait.
Là-dessus de la Pièce il m'a fait un sommaire,
Scène à Scène, averty de ce qui s'alloit faire,
Et jusques à des vers, qu'il en sçavoit par cœur,
Il me les récitoit tout haut avant l'Acteur.

J'avois beau m'en deffendre, il a poussé sa chance
Et s'est, devers la fin, levé long-temps d'avance ;
Car les gens du bel air, pour agir galamment,
Se gardent bien, sur tout, d'ouyr le dénouement.
Je rendois grâce au Ciel et croyois, de justice,
Qu'avec la Comédie eust finy mon suplice :
Mais, comme si c'en eust esté trop bon marché,
Sur nouveaux frais mon homme à moy s'est attaché ;
M'a conté ses exploits, ses vertus non communes ;
Parlé de ses chevaux, de ses bonnes fortunes,
Et de ce qu'à la Cour il avoit de faveur,
Disant qu'à m'y servir il s'offroit de grand cœur.
Je le remerciois doucement de la teste,
Minutant à tous coups quelque retraite honneste ;
Mais luy, pour le quitter, me voyant ébranlé :
Sortons, ce m'a-t-il dit, *le monde est écoulé.*
Et, sortis de ce lieu, me la donnant plus sèche :
Marquis, allons au Cours faire voir ma galêche ;
Elle est bien entendue, et plus d'un Duc et Pair
En fait, à mon faiseur, faire une du mesme air.
Moy de luy rendre grâce, et, pour mieux m'en deffendre,
De dire que j'avois certain repas à rendre :
Ah parbleu, j'en veux estre, estant de tes amis,
Et manque au Mareschal, à qui j'avois promis.
— *De la chère*, ay-je fait, *la dose est trop peu forte*
Pour oser y prier des gens de vostre sorte.

— *Non,* m'a-t-il respondu ; *je suis sans compliment,*
Et j'y vais pour causer avec toy seulement ;
Je suis des grands repas fatigué, je te jure.
— *Mais, si l'on vous attend,* ay-je dit, *c'est injure....*
— *Tu te moques, Marquis ; nous nous connoissons tous,*
Et je trouve avec toy des passe-temps plus doux.
Je pestois contre moy, l'âme triste et confuse
Du funeste succès qu'avoit eu mon excuse,
Et ne sçavois à quoy je devois recourir
Pour sortir d'une peine à me faire mourir,
Lors qu'un carosse, fait de superbe manière
Et comblé de Laquais, et devant, et derrière,
S'est, avec un grand bruit, devant nous arresté ;
D'où sautant un jeune homme amplement ajusté,
Mon importun et luy, courant à l'embrassade,
Ont surpris les passans de leur brusque incartade ;
Et, tandis que tous deux estoient précipitez
Dans les convulsions de leurs civilitez,
Je me suis doucement esquivé sans rien dire ;
Non sans avoir longtemps gémi d'un tel martyre
Et maudit ce Fâcheux, dont le zèle obstiné
M'ostoit au rendé-vous, qui m'est icy donné.

LA MONTAGNE

Ce sont chagrins meslez aux plaisirs de la vie.
Tout ne va pas, Monsieur, au gré de nostre envie ;

Le Ciel veut qu'icy-bas chacun ait ses Fâcheux,
Et les hommes seroient, sans cela, trop heureux.

ÉRASTE

Mais, de tous mes Fâcheux, le plus Fâcheux encore
Est Damis, le Tuteur de celle que j'adore,
Qui rompt ce qu'à mes vœux elle donne d'espoir
Et fait qu'en sa présence elle n'ose me voir.
Je crains d'avoir déjà passé l'heure promise,
Et c'est dans cette allée où devoit estre Orphise.

LA MONTAGNE

L'heure d'un rendez-vous d'ordinaire s'estend,
Et n'est pas resserrée aux bornes d'un instant.

ÉRASTE

Il est vrai; mais je tremble, et mon amour extrème
D'un rien se fait un crime envers celle que j'aime.

LA MONTAGNE

Si ce parfait amour, que vous prouvez si bien,
Se fait vers vostre objet un grand crime de rien,
Ce que son cœur, pour vous, sent de feux légitimes,
En revanche, luy fait un rien de tous vos crimes.

ÉRASTE

Mais, tout de bon, crois-tu que je sois d'elle aymé ?

LA MONTAGNE

Quoy ? Vous doutez encor d'un amour confirmé ?

ÉRASTE

Ah, c'est mal-aisément qu'en pareille matière,
Un cœur bien enflammé prend asseurance entière.
Il craint de se flatter, et, dans ses divers soins,
Ce que plus il souhaite est ce qu'il croit le moins.
Mais songeons à trouver une beauté si rare.

LA MONTAGNE

Monsieur, vostre rabat par devant se sépare.

ÉRASTE

N'importe.

LA MONTAGNE

Laissez-moy l'ajuster, s'il vous plaist.

ÉRASTE

Ouf ! Tu m'estrangles, fat ; laisse-le comme il est.

LA MONTAGNE

Souffrez qu'on peigne un peu...

ÉRASTE

Sottise sans pareille !
Tu m'as, d'un coup de dent, presque emporté l'oreille.

LA MONTAGNE

Vos canons...
VII.   3

ÉRASTE

Laisse-les ; tu prens trop de soucy.

LA MONTAGNE

Ils sont tous chifonnez.

ÉRASTE

Je veux qu'ils soient ainsy.

LA MONTAGNE

Accordez-moy du moins, pour grâce singulière,
De frotter ce chapeau, qu'on voit plein de poussière.

ÉRASTE

Frotte donc, puisqu'il faut que j'en passe par là.

LA MONTAGNE

Le voulez-vous porter fait comme le voilà ?

ÉRASTE

Mon Dieu, dépesche-toy.

LA MONTAGNE

Ce seroit conscience.

ÉRASTE, *après avoir attendu :*

C'est assez.

LA MONTAGNE

Donnez-vous un peu de patience.

ÉRASTE

Il me tue.

LA MONTAGNE

En quel lieu vous estes-vous fourré ?

ÉRASTE

T'es-tu de ce chapeau pour toûjours emparé ?

LA MONTAGNE

C'est fait.

ÉRASTE

Donne-moy donc.

LA MONTAGNE, *laissant tomber le chapeau :*

Hay!

ÉRASTE

Le voilà par terre ;
Je suis fort avancé. Que la fièvre te serre !

LA MONTAGNE

Permettez qu'en deux coups j'oste...

ÉRASTE

Il ne me plaist pas.
Au Diantre tout Valet qui vous est sur les bras,
Qui fatigue son Maistre, et ne fait que déplaire
A force de vouloir trancher du nécessaire !

SCÈNE II

ORPHISE, ALCIDOR, ÉRASTE, LA·MONTAGNE

ÉRASTE

Mais voy-je pas Orphise ? Ouy. C'est elle qui vient.
Où va-t-elle si viste, et quel homme la tient ?

Il la salue comme elle passe, et elle, en passant, détourne la teste.

Quoy, me voir en ces lieux devant elle paroistre,
Et passer, en feignant de ne pas me connoistre !
Que croire ? Qu'en dis-tu ? Parle donc, si tu veux.

LA MONTAGNE

Monsieur, je ne dis rien, de peur d'estre Fâcheux.

ÉRASTE

Et c'est l'estre en effet que de ne me rien dire
Dans les extrémitez d'un si cruel martyre.
Fais donc quelque responce à mon cœur abbatu.
Que dois-je présumer ? Parle ; qu'en penses-tu ?
Dy-moy ton sentiment.

LA MONTAGNE

                          Monsieur, je veux me taire,
Et ne desire point trancher du nécessaire.

ÉRASTE

Peste l'impertinent ! Va-t'en suivre leurs pas ;

Voy ce qu'ils deviendront, et ne les quitte pas.

LA MONTAGNE, *revenant* :

Il faut suivre de loin ?

ÉRASTE

Ouy.

LA MONTAGNE, *revenant* :

Sans que l'on me voye,
Ou faire aucun semblant qu'après eux on m'envoye ?

ÉRASTE

Non, tu feras bien mieux de leur donner avis
Que par mon ordre exprès ils sont de toy suivis.

LA MONTAGNE, *revenant* :

Vous trouveray-je icy ?

ÉRASTE

Que le Ciel te confonde,
Homme, à mon sentiment, le plus fâcheux du Monde !

La Montagne s'en va.

Ah ! que je sens de trouble, et qu'il m'eust esté doux
Qu'on me l'eust fait manquer, ce fatal rendez-vous !
Je pensois y trouver toutes choses propices,
Et mes yeux pour mon cœur y trouvent des suplices.

SCÈNE III

LYSANDRE, ÉRASTE

LYSANDRE

Sous ces arbres, de loin, mes yeux t'ont reconnu,
Cher Marquis, et d'abord je suis à toy venu.
Comme à de mes amis, il faut que je te chante
Certain air, que j'ay fait, de petite Courante,
Qui de toute la Cour contente les experts,
Et sur qui plus de vingt ont desjà fait des vers.
J'ay le bien, la naissance, et quelque employ passable,
Et fais figure en France assez considérable ;
Mais je ne voudrois pas, pour tout ce que je suis,
N'avoir point fait cet air, qu'icy je te produis.
La, la ; hem, hem. Écoute avec soin, je te prie.

Il chante sa Courante.

N'est-elle pas belle ?

ÉRASTE

Ah !

LYSANDRE

Cette fin est jolie ;

Il rechante la fin quatre ou cinq fois de suitte.

Comment la trouves-tu ?

ÉRASTE

Fort belle, asseurément.

LYSANDRE

Les pas, que j'en ay faits, n'ont pas moins d'agrément,
Et sur tout la figure a merveilleuse grâce.

Il chante, parle et danse tout ensemble, et fait faire à Éraste les figures de la femme.

Tien, l'homme passe ainsi ; puis la femme repasse ;
Ensemble, puis on quitte, et la femme vient là.
Vois-tu ce petit trait de feinte que voilà ?
Ce fleuret ? Ces coupez courant après la Belle ?
Dos à dos ; face [à] face, en se pressant sur elle.

Après avoir achevé :

Que t'en semble, Marquis ?

ÉRASTE

Tous ces pas-là sont fins.

LYSANDRE

Je me mocque, pour moy, des Maistres Baladins.

ÉRASTE

On le voit.

LYSANDRE

Les pas donc ?...

ÉRASTE

N'ont rien qui ne surprenne.

LYSANDRE

Veux-tu, par amitié, que je te les apprenne ?

ÉRASTE

Ma foy, pour le présent, j'ay certain embarras...

LYSANDRE

Et bien donc, ce sera lors que tu le voudras.
Si j'avois dessus moy ces paroles nouvelles,
Nous les lirions ensemble, et verrions les plus belles.

ÉRASTE

Une autre fois.

LYSANDRE

Adieu. Baptiste le très cher
N'a point veu ma Courante, et je le vais chercher;
Nous avons, pour les airs, de grandes simpathies,
Et je veux le prier d'y faire des parties.

Il s'en va chantant tousjours.

ÉRASTE

Ciel! faut-il que le Rang, dont on veut tout couvrir,
De cent sots, tous les jours, nous oblige à souffrir,
Et nous fasse abaisser jusques aux complaisances
D'applaudir bien souvent à leurs impertinences !

SCÈNE IV

LA MONTAGNE, ÉRASTE

LA MONTAGNE

Monsieur, Orphise est seule et vient de ce costé.

ÉRASTE

Ah, d'un trouble bien grand je me sens agité !
J'ay de l'amour encor pour la Belle inhumaine,
Et ma raison voudroit que j'eusse de la haine.

LA MONTAGNE

Monsieur, vostre raison ne sçait ce qu'elle veut,
Ny ce que sur un cœur une Maistresse peut.
Bien que de s'emporter on ait de justes causes,
Une Belle, d'un mot, rajuste bien des choses.

ÉRASTE

Hélas, je te l'avoue, et déjà cet aspect
A toute ma colère imprime le respect.

SCÈNE V

ORPHISE, ÉRASTE, LA MONTAGNE

ORPHISE

Vostre front à mes yeux monstre peu d'allégresse.
Seroit-ce ma présence, Éraste, qui vous blesse ?
Qu'est-ce donc ? Qu'avez-vous, et sur quels déplaisirs
Lors que vous me voyez, poussez-vous des soupirs ?

ÉRASTE

Hélas, pouvez-vous bien me demander, cruelle,
Ce qui fait de mon cœur la tristesse mortelle,
Et d'un esprit méchant n'est-ce pas un effet
Que feindre d'ignorer ce que vous m'avez fait ?
Celuy, dont l'entretien vous a fait à ma veue
Passer...

ORPHISE, *riant* :

C'est de cela que vostre âme est esmeue !

ÉRASTE

Insultez, inhumaine, encor à mon malheur !
Allez, il vous sied mal de railler ma douleur
Et d'abuser, ingrate, à maltraiter ma flâme,
Du foible que, pour vous, vous sçavez qu'a mon âme.

ORPHISE

Certes, il en faut rire, et confesser icy

Que vous estes bien fou de vous troubler ainsi.
L'homme, dont vous parlez, loin qu'il puisse me plaire,
Est un homme Fâcheux dont j'ay sçeu me défaire,
Un de ces importuns et sots officieux
Qui ne sçauroient souffrir qu'on soit seule en des lieux
Et viennent aussi tost, avec un doux langage,
Vous donner une main, contre qui l'on enrage.
J'ay feint de m'en aller, pour cacher mon dessein,
Et, jusqu'à mon carosse, il m'a presté la main.
Je m'en suis promptement défaite de la sorte,
Et j'ay, pour vous trouver, rentré par l'autre porte.

ÉRASTE

A vos discours, Orphise, adjousteray-je foy,
Et vostre cœur est-il tout sincère pour moy ?

ORPHISE

Je vous trouve fort bon de tenir ces paroles
Quand je me justifie à vos plaintes frivoles ;
Je suis bien simple encor, et ma sotte bonté...

ÉRASTE

Ah ! ne vous faschez pas, trop sévère beauté !
Je veux croire en aveugle, estant sous vostre empire,
Tout ce que vous aurez la bonté de me dire.
Trompez, si vous voulez, un malheureux Amant ;
J'auray pour vous respect, jusques au monument...

Maltraitez mon amour, refusez-moy le vostre,
Exposez à mes yeux le triomphe d'un autre ;
Ouy, je souffriray tout de vos divins appas.
J'en mourray, mais enfin je ne m'en plaindray pas.

ORPHISE

Quand de tels sentimens règneront dans vostre âme,
Je sçauray de ma part...

SCÈNE VI

ALCANDRE, ORPHISE, ÉRASTE, LA MONTAGNE

ALCANDRE

Marquis, un mot. — Madame,
De grâce, pardonnez si je suis indiscret
En osant, devant vous, luy parler en secret. —
Avec peine, Marquis, je te fais la prière,
Mais un homme vient là de me rompre en visière,
Et je souhaite fort, pour ne rien reculer,
Qu'à l'heure, de ma part, tu l'ailles appeller.
Tu sçais qu'en pareil cas ce seroit avec joye
Que je te le rendrois en la mesme monnoye.

ÉRASTE
après avoir un peu demeuré sans parler :

Je ne veux point icy faire le Capitan,
Mais on m'a veu Soldat avant que Courtisan ;

J'ay servy quatorze ans, et je crois estre en passe
De pouvoir d'un tel pas me tirer avec grâce
Et de ne craindre point qu'à quelque lascheté
Le refus de mon bras me puisse être imputé.
Un duel met les gens en mauvaise posture,
Et nostre Roy n'est pas un Monarque en peinture.
Il sçait faire obéir les plus grans de l'Estat,
Et je trouve qu'il fait en digne Potentat.
Quand il faut le servir, j'ay du cœur pour le faire,
Mais je ne m'en sens point, quand il faut luy déplaire.
Je me fais de son ordre une suprême loy;
Pour luy désobéir, cherche un autre que moy.
Je te parle, Vicomte, avec franchise entière,
Et suis ton Serviteur en toute autre matière.
Adieu. — Cinquante fois au Diable les Fâcheux!
Où donc s'est retiré cet objet de mes vœux?

LA MONTAGNE

Je ne sçay.

ÉRASTE

Pour sçavoir où la Belle est allée,
Va-t'en chercher par tout. J'attens dans cette allée.

BALLET DU PREMIER ACTE

PREMIÈRE ENTRÉE

Des joueurs de Mail, en criant : *Gare*, l'obligent à se retirer, et, comme il veut revenir lorsqu'ils ont fait,

DEUXIESME ENTRÉE

des curieux viennent, qui tournent autour de luy pour le connoistre et font qu'il se retire encore pour un moment.

Le palais aussi plus
si l'autre aime bien france

ACTE II

SCÈNE PREMIÈRE

ÉRASTE

ES Fascheux à la fin se sont-
ils escartez ?
Je pense qu'il en pleut icy
de tous costez.
Je les fuis, et les trouve, et,
pour second martire,
Je ne sçaurois trouver celle
que je desire.
Le tonnerre et la pluye ont promptement passé,
Et n'ont point, de ces lieux, le beau monde chassé ;
Plust au Ciel, dans les dons que ses soins y prodiguent,

Qu'ils en eussent chassé tous les gens qui fatiguent !
Le Soleil baisse fort, et je suis estonné
Que mon Valet encor ne soit point retourné.

SCÈNE II

ALCIPE, ÉRASTE

ALCIPE

Bon jour.

ÉRASTE

Et quoy, toûjours ma flâme divertie !

ALCIPE

Console-moy, Marquis, d'une étrange partie
Qu'au Piquet je perdis, hier, contre un Saint-Bouvain,
A qui je donnerois quinze points, et la main.
C'est un coup enragé, qui depuis hier m'accable,
Et qui feroit donner tous les Joueurs au Diable ;
Un coup asseurément à se pendre en public.
Il ne m'en faut que deux ; l'autre a besoin d'un Pic.
Je donne ; il en prend six, et demande à refaire ;
Moy, me voyant de tout, je n'en voulus rien faire.
Je porte l'As de Trèfle — admire mon malheur ! —
L'As, le Roy, le Valet, le huict et dix de Cœur,
Et quitte, comme au point alloit la politique,
Dame et Roy de Carreau, dix et Dame de Pique.
Sur mes cinq Cœurs portez la Dame arrive encor,

Qui me fait justement une quinte major :
Mais mon homme, avec l'As, non sans surprise extrême,
Des bas Carreaux, sur table, étale une sixième.
J'en avois écarté la Dame avec le Roy,   .
Mais, luy fallant un Pic, je sortis hors d'effroy
Et croïois bien du moins faire deux points uniques.
Avec les sept Carreaux il avoit quatre Piques,
Et, jettant le dernier, m'a mis dans l'embarras
De ne savoir lequel garder de mes deux As.
J'ai jeté l'As de Cœur, — avec raison, me semble —
Mais il avoit quitté quatre Trèfles ensemble,
Et par un six de Cœur je me suis veu capot,
Sans pouvoir, de dépit, proférer un seul mot.
Morbleu, fais-moy raison de ce coup effroyable.
A moins que l'avoir veu, peut-il estre croyable ?

ÉRASTE

C'est dans le jeu qu'on voit les plus grands coups du Sort.

ALCIPE

Parbleu, tu jugeras, toy-mesme, si j'ay tort
Et si c'est sans raison que ce coup me transporte,
Car voicy nos deux jeux, qu'exprès sur moy je porte.
Tien, c'est icy mon port, comme je te l'ay dit,
Et voicy...

ÉRASTE

J'ay compris le tout, par ton récit,

VII.   5

Et voy de la justice au transport qui t'agite,
Mais, pour certaine affaire, il faut que je te quitte.
Adieu. Console-toy, pourtant, de ton malheur.

ALCIPE

Qui ? Moy ? J'auray toûjours ce coup-là sur le cœur ;
Et c'est, pour ma raison, pis qu'un coup de tonnerre.
Je le veux faire, moy, voir à toute la Terre.

Il s'en va, et, prest à rentrer, il dit par réflexion :

Un six de Cœur ! Deux points !

ÉRASTE

                    En quel lieu sommes-nous ?
De quelque part qu'on tourne, on ne voit que des foux.
— Ah ! Que tu fais languir ma juste impatience ?

SCÈNE III

LA MONTAGNE, ÉRASTE

LA MONTAGNE

Monsieur, je n'ay pû faire une autre diligence.

ÉRASTE

Mais me raportes-tu quelque nouvelle enfin ?

LA MONTAGNE

Sans doute, et de l'objet, qui fait vostre destin,
J'ay, par un ordre exprès, quelque chose à vous dire.

ÉRASTE

Et quoy ? Déjà mon cœur après ce mot soupire.
Parle.

LA MONTAGNE

Souhaittez-vous de sçavoir ce que c'est ?

ÉRASTE

Ouy ; dy viste.

LA MONTAGNE

Monsieur, attendez, s'il vous plaist ;
Je me suis, à courir, presque mis hors d'haleine.

ÉRASTE

Prens-tu quelque plaisir à me tenir en peine ?

LA MONTAGNE

Puisque vous desirez de sçavoir promptement
L'ordre que j'ay reçeu de cet objet charmant,
Je vous diray... Ma foy, sans vous vanter mon zèle,
J'ay bien fait du chemin pour trouver cette Belle,
Et si...

ÉRASTE

Peste soit fait de tes digressions !

LA MONTAGNE

Ah, il faut modérer un peu ses passions,
Et Sénèque...

ÉRASTE

Sénèque est un sot, dans ta bouche,

Puis qu'il ne me dit rien de tout ce qui me touche.
Dy-moy ton ordre; tost.

LA MONTAGNE

Pour contenter vos vœux,
Vostre Orphise... Une beste est là dans vos cheveux.

ÉRASTE

Laisse.

LA MONTAGNE

Cette Beauté, de sa part, vous fait dire...

ÉRASTE

Quoy ?

LA MONTAGNE

Devinez.

ÉRASTE

Sçais-tu que je ne veux pas rire ?

LA MONTAGNE

Son ordre est qu'en ce lieu vous devez vous tenir,
Asseuré que dans peu vous l'y verrez venir,
Lors qu'elle aura quitté quelques Provinciales,
Aux personnes de Cour fâcheuses animales.

ÉRASTE

Tenons-nous donc au lieu qu'elle a voulu choisir,
Mais, puisque l'ordre icy m'offre quelque loisir,
Laisse-moy méditer. — J'ay dessein de luy faire

Quelques vers, sur un air où je la voy se plaire.

Il se promène en resvant.

SCÈNE IV

ORANTE, CLIMÈNE, ÉRASTE

ORANTE

Tout le monde sera de mon opinion :

CLIMÈNE

Croyez-vous l'emporter par obstination ?

ORANTE

Je pense mes raisons meilleures que les vostres ;

CLIMÈNE

Je voudrois qu'on ouyst les unes et les autres.

ORANTE

J'avise un homme icy qui n'est pas ignorant ;
Il pourra nous juger sur nostre différent.
Marquis, de grâce, un mot. Souffrez qu'on vous appelle
Pour estre, entre nous deux, juge d'une querelle,
D'un débat, qu'ont émeu nos divers sentimens,
Sur ce qui peut marquer les plus parfaits Amants.

ÉRASTE

C'est une question à vuider difficile,

Et vous devez chercher un Juge plus habile.

ORANTE

Non, vous nous dites là d'inutiles chansons.
Vostre esprit fait du bruit, et nous vous connoissons ;
Nous sçavons que chacun vous donne à juste titre...

ÉRASTE

Hé, de grâce...

ORANTE

      En un mot, vous serez nostre arbitre,
Et ce sont deux momens qu'il vous faut nous donner.

CLIMÈNE

Vous retenez icy qui vous doit condamner,
Car enfin, s'il est vray ce que j'en ose croire,
Monsieur à mes raisons donnera la victoire.

ÉRASTE

Que ne puis-je à mon traistre inspirer le soucy
D'inventer quelque chose à me tirer d'icy !

ORANTE

Pour moy, de son esprit j'ay trop bon témoignage
Pour craindre qu'il prononce à mon désavantage.
— Enfin, ce grand débat, qui s'allume entre nous,
Est de sçavoir s'il faut qu'un Amant soit jaloux ;

CLIMÈNE

Ou, pour mieux expliquer ma pensée et la vostre,
Lequel doit plaire plus, d'un jaloux, ou d'un autre.

ORANTE

Pour moy, sans contredit, je suis pour le dernier ;

CLIMÈNE

Et, dans mon sentiment, je tiens pour le premier.

ORANTE

Je croy que nostre cœur doit donner son suffrage
A qui fait éclater du respect davantage ;

CLIMÈNE

Et moy que, si nos vœux doivent paroistre au jour,
C'est pour celuy qui fait éclater plus d'amour.

ORANTE

Ouy ; mais on voit l'ardeur, dont une âme est saisie,
Bien mieux dans le respect que dans la jalousie ;

CLIMÈNE

Et c'est mon sentiment que qui s'attache à nous,
Nous ayme d'autant plus qu'il se monstre jalous.

ORANTE

Fi ! Ne me parlez point, pour estre Amans, Climène,
De ces gens dont l'amour est fait comme la haine,
Et qui, pour tous respects et toute offre de vœux,

Ne s'appliquent jamais qu'à se rendre Fascheux ;
Dont l'âme, que sans cesse un noir transport anime,
Des moindres actions cherche à nous faire un crime ;
En soumet l'innocence à son aveuglement,
Et veut, sur un coup d'œil, un éclaircissement ;
Qui, de quelque chagrin nous voyant l'apparence,
Se plaignent aussi-tost qu'il naist de leur présence,
Et, lors que dans nos yeux brille un peu d'enjoûment,
Veulent que leurs Rivaux en soient le fondement ;
Enfin, qui, prenant droit des fureurs de leur zèle,
Ne vous parlent jamais que pour faire querelle ;
Osent deffendre à tous l'approche de nos cœurs
Et se font les tyrans de leurs propres vainqueurs.
Moy, je veux des Amans que le respect inspire,
Et leur soumission marque mieux nostre empire.

CLIMÈNE

Fi ! Ne me parlez point, pour estre vrais Amans,
De ces gens qui pour nous n'ont nuls emportements ;
De ces tièdes Galans, de qui les cœurs paisibles
Tiennent desjà pour eux les choses infaillibles,
N'ont point peur de nous perdre, et laissent, chaque jour,
Sur trop de confiance endormir leur amour ;
Sont avec leurs Rivaux en bonne intelligence,
Et laissent un champ libre à leur persévérance.
Un amour si tranquille excite mon courroux ;
C'est aimer froidement que n'estre point jaloux,

Et je veux qu'un Amant, pour me prouver sa flâme,
Sur d'éternels soupçons laisse flotter son âme,
Et, par de prompts transports, donne un signe éclatant
De l'estime qu'il fait de celle qu'il prétend.   .
On s'applaudit alors de son inquiétude,
Et, s'il nous fait par fois un traitement trop rude,
Le plaisir de le voir, soumis à nos genous,
S'excuser de l'éclat qu'il a fait contre nous,
Ses pleurs, son désespoir d'avoir pu nous déplaire,
Est un charme à calmer toute nostre colère.

ORANTE

Si, pour vous plaire, il faut beaucoup d'emportement,
Je sçais qui vous pourroit donner contentement,
Et je connois des gens, dans Paris plus de quatre,
Qui, comme ils le font voir, aiment jusques à batre.

CLIMÉNE

Si, pour vous plaire, il faut n'estre jamais jalous,
Je sçais certaines gens fort commodes pour vous,
Des hommes, en amour, d'une humeur si souffrante
Qu'ils vous verroient sans peine entre les bras de trente.

ORANTE

Enfin, par vostre Arrest vous devez déclarer
Celuy de qui l'amour vous semble à préférer.

ÉRASTE

Puisqu'à moins d'un Arrest je ne m'en puis deffaire,

VII.   6

Toutes deux à la fois je vous veux satisfaire,
Et, pour ne point blasmer ce qui plaist à vos yeux,
Le jaloux aime plus, et l'autre aime bien mieux.

CLIMÈNE

L'Arrest est plein d'esprit; mais...

ÉRASTE

Suffit. J'en suis quitte.
Après ce que j'ay dit, souffrez que je vous quitte.

SCÈNE V

ORPHISE, ÉRASTE

ÉRASTE

Que vous tardez, Madame, et que j'esprouve bien...

ORPHISE

Non, non. Ne quittez pas un si doux entretien ;
A tort vous m'accusez d'estre trop tard venue,
Et vous avez de quoy vous passer de ma veue.

ÉRASTE

Sans sujet contre moy voulez-vous vous aigrir,
Et me reprochez-vous ce qu'on me fait soufrir ?
Ha, de grâce, attendez...

ORPHISE

Laissez-moy, je vous prie,

Et courez vous rejoindre à vostre compagnie.

Elle sort.

ÉRASTE

Ciel, faut-il qu'aujourd'huy Fâcheuses, et Fâcheux
Conspirent à troubler les plus chers de mes veux !
Mais allons sur ses pas, malgré sa résistance,
Et faisons à ses yeux briller nostre innocence.

SCÈNE VI

DORANTE, ÉRASTE

DORANTE

Ha, Marquis, que l'on voit de Fascheux tous les jours
Venir de nos plaisirs interrompre le cours !
Tu me vois enragé d'une assez belle chasse,
Qu'un fat... C'est un récit qu'il faut que je te fasse.

ÉRASTE

Je cherche icy quelqu'un, et ne puis m'arrester.

DORANTE, *le retenant :*

Parbleu, chemin faisant, je te le veux conter.
Nous estions une troupe, assez bien assortie,
Qui, pour courir un Cerf, avions hier fait partie,
Et nous fusmes coucher sur le pays exprès,
C'est à dire, mon cher, en fin fond de forêts.
Comme cet exercice est mon plaisir suprême,

Je voulus, pour bien faire, aller au bois moy-mesme,
Et nous conclusmes tous d'attacher nos efforts
Sur un Cerf, qu'un chacun nous disoit Cerf-dix-cors;
Mais moy, mon jugement, sans qu'aux marques j'arreste,
Fut qu'il n'estoit que Cerf à sa seconde teste.
Nous avions, comme il faut, séparé nos relais,
Et desjeunions en haste, avec quelques œufs frais,
Lors qu'un franc Campagnard, avec longue rapière,
Montant superbement sa jument poulinière,
Qu'il honoroit du nom de sa bonne jument,
S'en est venu nous faire un mauvais compliment,
Nous présentant aussi, pour surcroist de colère,
Un grand benest de fils, aussi sot que son père.
Il s'est dit grand Chasseur, et nous a priés tous
Qu'il pust avoir le bien de courir avec nous.
Dieu préserve, en chassant, toute sage personne
D'un porteur de huchet, qui mal à propos sonne;
De ces gens qui, suivis de dix hourets galeux,
Disent *Ma meute,* et font les Chasseurs merveilleux!
Sa demande reçeue, et ses vertus prisées,
Nous avons esté tous frapper à nos brisées.
A trois longueurs de trait, *tayaut!* Voilà d'abord
Le Cerf donné aux chiens. J'appuye, et sonne fort.
Mon Cerf débuche, et passe une assez longue plaine,
Et mes chiens après luy, mais si bien en haleine
Qu'on les auroit couverts tous d'un seul juste-au-corps.

Il vient à la Forest. Nous luy donnons à lors
La vieille meute, et moy, je prens en diligence
Mon Cheval allezan. Tu l'as veu ?

ÉRASTE

Non, je pense.

DORANTE

Comment ! C'est un Cheval aussi bon qu'il est beau,
Et que, ces jours passez, j'achetay de Gaveau *.
Je te laisse à penser si, sur cette matière,
Il voudroit me tromper, luy qui me considère.
Aussi je m'en contente, et jamais, en effet,
Il n'a vendu Cheval, ny meilleur, ny mieux fait ;
Une teste de Barbe, avec l'estoile nette,
L'encolure d'un Cygne, effilée, et bien droite ;
Point d'espaules non plus qu'un lièvre ; court-jointé,
Et qui fait dans son port voir sa vivacité.
Des piez, morbleu, des piez ! Le rein double. A vray dire,
J'ay trouvé le moyen, moy seul, de le réduire,
Et sur luy, quoy qu'aux yeux il montrast beau semblant,
Petit-Jean de Gaveau ne montoit qu'en tremblant.
Une croupe, en largeur, à nulle autre pareille,
Et des gigots, Dieu sçait ! Bref, c'est une merveille,
Et j'en ay refusé cent pistoles, croy-moy,
Au retour d'un cheval amené pour le Roy.

* Marchand de Chevaux célèbre à la Cour.

Je monte donc dessus, et ma joye estoit pleine
De voir filer de loin les coupeurs dans la plaine ;
Je pousse, et je me trouve en un fort à l'escart,
A la queue de nos chiens, moy seul avec Drécar*.
Une heure là dedans nostre Cerf se fait battre.
J'appuye alors mes chiens, et fais le Diable à quatre ;
Enfin jamais Chasseur ne se vit plus joyeux.
Je le relance seul, et tout alloit des mieux,
Lors que d'un jeune Cerf s'accompagne le nostre ;
Une part de mes Chiens se sépare de l'autre,
Et je les voy, Marquis, comme tu peux penser,
Chasser tous avec crainte, et Finaut balancer.
Il se rabat soudain, dont j'eus l'âme ravie ;
Il empaume la voye, et moy, je sonne et crie :
A Finaut! A Finaut ! J'en revois à plaisir
Sur une taupinière, et ressonne à loisir.
Quelques Chiens revenoient à moy, quand pour disgrâce
Mon étourdy se met à sonner comme il faut,
Et crie à pleine voix : *Tayaut! tayaut! tayaut!*
Mes Chiens me quittent tous, et vont à ma pécore ;
J'y pousse, et j'en revois dans le chemin encore,
Mais à terre, mon cher, je n'eus pas jetté l'œil,
Que je connus le change et sentis un grand dueil.
J'ay beau luy faire voir toutes les différences

* Piqueur renommé.

Des pinces de mon Cerf et de ses connoissances;
Il me soustient tousjours, en Chasseur ignorant,
Que c'est le Cerf de meute, et par ce différent
Il donne temps aux Chiens d'aller loin. J'en enrage,
Et, pestant de bon cœur contre le personnage,
Je pousse mon cheval et par haut et par bas,
Qui plioit des gaulis aussi gros que les bras.
Je ramène les Chiens à ma première voye,
Qui vont, en me donnant une excessive joye,
Requérir notre Cerf, comme s'il l'eussent veu.
Ils le relancent; mais, ce coup est-il préveu?
A te dire le vray, cher Marquis, il m'assomme.
Nostre Cerf relancé va passer à nostre homme,
Qui, croyant faire un coup de Chasseur fort vanté,
D'un pistolet d'arçon, qu'il avoit apporté,
Luy donne justement au milieu de la teste,
Et de fort loin me crie : *Ah, j'ay mis bas la beste !*
A-t-on jamais parlé de pistolets, bon Dieu !
Pour courre un Cerf? Pour moy, venant dessus le lieu,
J'ay trouvé l'action tellement hors d'usage
Que j'ai donné des deux à mon cheval, de rage,
Et m'en suis revenu chez moy tousjours courant,
Sans vouloir dire un mot à ce sot ignorant.

ÉRASTE

Tu ne pouvois mieux faire et ta prudence est rare;

C'est ainsi des Fascheux qu'il faut qu'on se sépare.
Adieu.

DORANTE

Quand tu voudras, nous irons quelque part,
Où nous ne craindrons point de Chasseur Campagnard.

ÉRASTE

Fort bien. — Je croy qu'enfin je perdray patience.
Cherchons à m'excuser avecque diligence.

BALLET DU SECOND ACTE

PREMIÈRE ENTRÉE

Des Joueurs de Boule l'arrestent pour mesurer un coup, dont ils sont en dispute. Il se défait d'eux avec peine, et leur laisse dancer un pas, composé de toutes les postures qui sont ordinaires à ce Jeu.

DEUXIESME ENTRÉE

De petits Frondeurs les viennent interrompre, qui sont chassez ensuite

TROISIESME ENTRÉE

par des Savetiers et des Savetières, leurs pères, et autres, qui sont aussi chassez à leur tour

QUATRIESME ENTRÉE

par un Jardinier qui dance seul, et se retire pour faire place au troisième Acte.

ACTE III

SCÈNE PREMIÈRE

ÉRASTE, LA MONTAGNE

ÉRASTE

L est vray ; d'un costé, mes
    soins ont réussy.
Cet adorable objet enfin
    s'est adoucy,
Mais, d'un autre, on m'ac-
    cable, et les Astres sévères
Ont, contre mon amour, re-
    doublé leurs colères.

Ouy, Damis, son Tuteur, mon plus rude Fâcheux,
Tout de nouveau s'oppose aux plus doux de mes veux,
A son aymable Nièce a deffendu ma veue,

Et veut d'un autre Espoux la voir demain pourveue.
Orphise toutefois, malgré son désaveu,
Daigne accorder ce soir une grâce à mon feu,
Et j'ay fait consentir l'esprit de cette Belle
A souffrir qu'en secret je la visse chez elle.
L'amour ayme sur tout les secrettes faveurs ;
Dans l'obstacle, qu'on force, il trouve des douceurs,
Et le moindre entretien de la beauté qu'on ayme,
Lors qu'il est deffendu, devient grâce suprême.
Je vais au rendez-vous ; c'en est l'heure à peu près.
Puis je veux m'y trouver plustost avant qu'après.

LA MONTAGNE

Suivray-je vos pas ?

ÉRASTE

Non. Je craindrois que peut-estre
A quelques yeux suspects tu me fisses connoistre.

LA MONTAGNE

Mais...

ÉRASTE

Je ne le veux pas.

LA MONTAGNE

Je dois suivre vos loix :
Mais au moins, si de loin...

ÉRASTE

Te tairas-tu, vingt fois !

Et ne veux-tu jamais quitter cette méthode
De te rendre, à toute heure, un Valet incommode ?

SCÈNE II

CARITIDÈS, ÉRASTE

CARITIDÈS

Monsieur, le temps répugne à l'honneur de vous voir.
Le matin est plus propre à rendre un tel devoir,
Mais de vous rencontrer il n'est pas bien facile,
Car vous dormez toûjours, ou vous estes en Ville ;
Au moins Messieurs vos Gens me l'asseurent ainsy,
Et j'ay, pour vous trouver, pris l'heure que voicy.
Encor est-ce un grand heur dont le Destin m'honnore,
Car, deux momens plus tard, je vous manquois encore.

ÉRASTE

Monsieur, souhaitez-vous quelque chose de moy ?

CARITIDÈS

Je m'acquitte, Monsieur, de ce que je vous doy ;
Et vous viens... Excusez l'audace qui m'inspire,
Si.....

ÉRASTE

Sans tant de façons, qu'avez-vous à me dire ?

CARITIDÈS

Comme le rang, l'esprit, la générosité,
Que chacun vante en vous...

ÉRASTE

Ouy, je suis fort vanté ;
Passons, Monsieur.

CARITIDÈS

Monsieur, c'est une peine extrême
Lors qu'il faut à quelqu'un se produire soy-mesme,
Et toûjours près des Grans on doit estre introduit
Par des gens, qui de nous fassent un peu de bruit,
Dont la bouche écoutée avecque poids débite
Ce qui peut faire voir nostre petit mérite.
Enfin j'aurois voulu que des gens bien instruits
Vous eussent pû, Monsieur, dire ce que je suis.

ÉRASTE

Je vois assez, Monsieur, ce que vous pouvez estre,
Et vostre seul abord le peut faire connoistre.

CARITIDÈS

Ouy, je suis un Sçavant charmé de vos vertus,
Non pas de ces Sçavants dont le nom n'est qu'en *us ;*
Il n'est rien si commun qu'un nom à la Latine.
Ceux qu'on habille en Grec ont bien meilleure mine,
Et, pour en avoir un qui se termine en *ès,*
Je me fais appeller Monsieur Caritidès.

ÉRASTE

Monsieur Caritidès, soit. Qu'avez-vous à dire ?

CARITIDÈS

C'est un Placet, Monsieur, que je voudrois vous lire,
Et que, dans la posture où vous met vostre employ,
J'ose vous conjurer de présenter au Roy.

ÉRASTE

Hé, Monsieur, vous pouvez le présenter vous-mesme.

CARITIDÈS

Il est vray que le Roy fait cette grâce extrême ;
Mais, par ce mesme excès de ses rares bontez,
Tant de méchants Placets, Monsieur, sont présentez
Qu'ils estouffent les bons, et l'espoir où je fonde,
Est qu'on donne le mien, quand le Prince est sans monde.

ÉRASTE

Et bien, vous le pouvez, et prendre vostre temps.

CARITIDÈS

Ah, Monsieur, les Huissiers sont de terribles gens !
Ils traitent les Sçavans de faquins à nasardes,
Et je n'en puis venir qu'à la Salle des Gardes.
Les mauvais traitements, qu'il me faut endurer,
Pour jamais de la Cour me feroient retirer
Si je n'avois conçeu l'espérance certaine

Qu'auprès de nostre Roy vous serez mon Mécène.
Ouy, vostre crédit m'est un moyen asseuré...

ÉRASTE

Et bien! donnez-moy donc; je le présenteray.

CARITIDÈS

Le voicy. Mais au moins oyez-en la lecture.

ÉRASTE

Non...

CARITIDÈS

C'est pour estre instruit, Monsieur, je vous conjure.

AU ROY

SIRE,

Vostre très-humble, très-obéissant, très fidelle et
très-sçavant subjet et serviteur Caritidès, François de
nation, Grec de profession, ayant considéré les grans
et notables abus qui se commettent aux inscriptions
des enseignes des Maisons, Boutiques, Cabarets, Jeux
de Boule, et autres lieux de vostre bonne Ville de Paris,
en ce que certains ignorans, compositeurs desdites inscriptions, renversent, par une barbare, pernicieuse et
détestable ortographe, toute sorte de sens et raison,
sans aucun égard d'Etimologie, Analogie, Energie, ny
Allégorie quelconque, au grand scandale de la Répu-

blique des Lettres, et de la Nation Françoise, qui se décrie et deshonore par lesdits abus et fautes grossières envers les Estrangers, et notamment envers les Allemans, curieux lecteurs et inspectateurs desdites inscriptions...

ÉRASTE

Ce Placet est fort long, et pourroit bien fâcher...

CARITIDÈS

Ah, Monsieur, pas un mot ne s'en peut retrancher.

ÉRASTE

Achevez promptement.

CARITIDÈS *continue :*

... Supplie humblement VOSTRE MAJESTÉ de créer, pour le bien de son Estat et la gloire de son Empire, une Charge de Controlleur, Intendant, Correcteur, Réviseur, et Restorateur général desdites Inscriptions, et d'icelle honnorer le Suppliant, tant en considération de son rare et éminent sçavoir que des grands et signalez services qu'il a rendus à l'Estat, et à VOSTRE MAJESTÉ, en faisant l'anagramme de VOSTRE DITE MAJESTÉ en François, Latin, Grec, Hébreu, Siriaque, Caldéen, Arabe...

ÉRASTE *l'interrompant :*

Fort bien. Donnez-le viste, et faites la retraite :
Il sera veu du Roy ; c'est une affaire faite.

VII.   8

CARITIDÈS

Hélas, Monsieur, c'est tout que monstrer mon Placet.
Si le Roy le peut voir, je suis seur de mon fait,
Car, comme sa justice en toute chose est grande,
Il ne pourra jamais refuser ma demande.
Au reste, pour porter au Ciel vostre renom,
Donnez-moy par écrit vostre nom, et sur-nom ;
J'en veux faire un Poëme, en forme d'Acrostiche,
Dans les deux bouts du vers, et dans chaque hémistiche.

ÉRASTE

Ouy, vous l'aurez demain, Monsieur Caritidès.
— Ma foy de tels Sçavants sont des asnes bien faits ;
J'aurois dans d'autres temps bien ry de sa sottise.

SCÈNE III

ORMIN, ÉRASTE

ORMIN

Bien qu'une grande affaire en ce lieu me conduise,
J'ay voulu qu'il sortist, avant que vous parler.

ÉRASTE

Fort bien. Mais dépeschons, car je veux m'en aller.

ORMIN

Je me doute à peu près que l'homme qui vous quitte
Vous a fort ennuyé, Monsieur, par sa visite.
C'est un vieux importun, qui n'a pas l'esprit sain,
Et pour qui j'ay tousjours quelque défaite en main.
Au Mail, à Luxembourg et dans les Thuilleries,
Il fatigue le monde avec ses rêveries,
Et des gens comme vous doivent fuir l'entretien
De tous ces Sçavantas qui ne sont bons à rien.
Pour moy, je ne crains pas que je vous importune,
Puisque je viens, Monsieur, faire vostre fortune.

ÉRASTE

Voicy quelque soufleur, de ces gens qui n'ont rien
Et vous viennent tousjours promettre tant de bien.
— Vous avez fait, Monsieur, cette bénite pierre
Qui peut, seule, enrichir tous les Roys de la Terre ?

ORMIN

La plaisante pensée, hélas, où vous voilà !
Dieu me garde, Monsieur, d'estre de ces foux-là !
Je ne me repais point de visions frivoles,
Et je vous porte icy les solides paroles
D'un avis, que par vous je veux donner au Roy,
Et que tout cacheté je conserve sur moy.
Non de ces sots projets, de ces chimères vaines,
Dont les Sur-intendants ont les oreilles pleines ;

Non de ces gueux d'avis, dont les prétentions
Ne parlent que de vingt, ou trente millions;
Mais un, qui, tous les ans, à si peu qu'on le monte,
En peut donner au Roy quatre cent, de bon conte,
Avec facilité, sans risque, ny soupçon,
Et sans fouler le Peuple en aucune façon.
Enfin, c'est un avis d'un gain inconcevable,
Et que du premier mot on trouvera faisable.
Ouy, pourveu que par vous je puisse estre poussé...

ÉRASTE

Soit; nous en parlerons. Je suis un peu pressé.

ORMIN

Si vous me promettiez de garder le silence,
Je vous découvrirois cet avis d'importance.

ÉRASTE

Non, non; je ne veux point sçavoir vostre secret.

ORMIN

Monsieur, pour le trahir, je vous croy trop discret,
Et veux, avec franchise, en deux mots, vous l'apprendre.
Il faut voir si quelqu'un ne peut point nous entendre.
Cet avis merveilleux, dont je suis l'inventeur,
Est que...

ÉRASTE

D'un peu plus loin, et pour cause, Monsieur.

ORMIN

Vous voyez le grand gain, sans qu'il faille le dire,
Que de ses Ports de mers le Roy tous les ans tire.
Or, l'avis, dont encor nul ne s'est avisé,
Est qu'il faut de la France, et c'est un coup aisé,
En fameux Ports de mer mettre toutes les costes.
Ce seroit pour monter à des sommes très-hautes,
Et si...

ÉRASTE

L'avis est bon, et plaira fort au Roy.
Adieu. Nous vous verrons.

ORMIN

                    Au moins, appuyez-moy
Pour en avoir ouvert les premières paroles.

ÉRASTE

Ouy, ouy.

ORMIN

          Si vous vouliez me prester deux pistoles,
Que vous reprendriez sur le droit de l'avis,
Monsieur...

ÉRASTE

          Ouy, volontiers. — Plust à Dieu qu'à ce prix
De tous les Importuns je pusse me voir quitte !
Voyez quel contretemps prend icy leur visite !

Je pense qu'à la fin je pourray bien sortir.
Viendra-t-il point quelqu'un encor me divertir ?

SCÈNE IV

FILINTE, ÉRASTE

FILINTE

Marquis, je viens d'apprendre une estrange nouvelle.

ÉRASTE

Quoy ?

FILINTE

Qu'un homme, tantost, t'a fait une querelle.

ÉRASTE

A moy ?

FILINTE

Que te sert-il de le dissimuler ?
Je sçay, de bonne part, qu'on t'a fait appeller,
Et, comme ton amy, quoy qu'il en réussisse,
Je te viens, contre tous, faire offre de service.

ÉRASTE

Je te suis obligé; mais crois que tu me fais...

FILINTE

Tu ne l'avoueras pas, mais tu sors sans Valets.

Demeure dans la Ville, ou gagne la campagne,
Tu n'iras nulle part que je ne t'accompagne.

ÉRASTE

Ah! j'enrage.

FILINTE

A quoy bon de te cacher de moy?

ÉRASTE

Je te jure, Marquis, qu'on s'est moqué de toy.

FILINTE

En vain tu t'en deffens.

ÉRASTE

Que le Ciel me foudroye
Si d'aucun démeslé...

FILINTE

Tu penses qu'on te croye?

ÉRASTE

Eh mon Dieu, je te dis, et ne déguise point,
Que...

FILINTE

Ne me crois pas dupe, et crédule à ce point.

ÉRASTE

Veux-tu m'obliger?

FILINTE

Non.

ÉRASTE

Laisse-moy, je te prie.

FILINTE

Point d'affaire, Marquis.

ÉRASTE

Une galanterie
En certain lieu, ce soir...

FILINTE

Je ne te quitte pas ;
En quel lieu que ce soit, je veux suivre tes pas.

ÉRASTE

Parbleu, puisque tu veux que j'aye une querelle,
Je consens à l'avoir pour contenter ton zèle ;
Ce sera contre toy, qui me fais enrager,
Et dont je ne me puis par douceur dégager.

FILINTE

C'est fort mal d'un amy recevoir le service ;
Mais, puisque je vous rens un si mauvais office,
Adieu. Vuidez sans moy tout ce que vous aurez.

ÉRASTE

Vous serez mon amy quand vous me quitterez.

— Mais voyez quels malheurs suivent ma destinée!
Ils m'auront fait passer l'heure qu'on m'a donnée.

SCÈNE V

DAMIS, L'ESPINE, ÉRASTE, LA RIVIÈRE

DAMIS

Quoy! malgré moy le traistre espère l'obtenir?
Ah! mon juste courroux le sçaura prévenir.

ÉRASTE

J'entrevoy là quelqu'un sur la porte d'Orphise.
Quoy, toûjours quelque obstacle aux feux qu'elle authorise!

DAMIS

Ouy, j'ay sçeu que ma Nièce, en dépit de mes soins,
Doit voir ce soir chez elle Éraste sans tesmoins.....

LA RIVIÈRE

Qu'entens-je à ces gens-là dire de nostre Maistre?
Approchons doucement, sans nous faire connoistre.

DAMIS

Mais, avant qu'il ait lieu d'achever son dessein,
Il faut, de mille coups, percer son traistre sein.
Va-t'en faire venir ceux que je viens de dire,

VII.   9

Pour les mettre en embûche aux lieux que je desire,
Afin qu'au nom d'Éraste on soit prest à vanger
Mon honneur, que ses feux ont l'orgueil d'outrager,
A rompre un rendez-vous, qui dans ce lieu l'appelle,
Et noyer dans son sang sa flâme criminelle.

LA RIVIÈRE, *l'attaquant avec ses compagnons :*

Avant qu'à tes fureurs on puisse l'immoler,
Traistre, tu trouveras en nous à qui parler.

ÉRASTE, *mettant l'espée à la main :*

Bien qu'il m'ait voulu perdre, un point d'honneur me presse
De secourir icy l'Oncle de ma Maistresse.
— Je suis à vous, Monsieur.

DAMIS, *après leur fuite :*

        O Ciel, par quel secours
D'un trépas asseuré vois-je sauver mes jours ?
A qui suis-je obligé d'un si rare service ?

ÉRASTE

Je n'ay fait, vous servant, qu'un acte de justice.

DAMIS

Ciel, puis-je à mon oreille adjouster quelque foy ?
Est-ce la main d'Éraste...

ÉRASTE

        Ouy, ouy, Monsieur, c'est moy.

Trop heureux que ma main vous ait tiré de peine,
Trop malheureux d'avoir mérité vostre haine.

DAMIS

Quoy! Celuy, dont j'avois résolu le trépas,
Est celuy qui, pour moy, vient d'employer son bras ?
Ah! c'en est trop; mon cœur est contraint de se rendre,
Et, quoy que vostre amour, ce soir, ait pu prétendre,
Ce trait si surprenant de générosité
Doit étoufer en moy toute animosité.
Je rougis de ma faute, et blasme mon caprice;
Ma hayne, trop long-temps, vous a fait injustice,
Et, pour la condamner par un éclat fameux,
Je vous joins, dès ce soir, à l'objet de vos veux.

SCÈNE VI

ORPHISE, DAMIS, ÉRASTE, Suitte

ORPHISE, *venant avec un flambeau d'argent à la main :*

Monsieur, quelle avanture a d'un trouble effroyable...

DAMIS

Ma Nièce, elle n'a rien que de très-agréable
Puis qu'après tant de veux que j'ay blâmez en vous,
C'est elle qui vous donne Éraste pour Espoux.

Son bras a repoussé le trépas, que j'évite,
Et je veux, envers luy, que vostre main m'acquitte.

ORPHISE

Si c'est pour luy payer ce que vous luy devez,
J'y consens, devant tout aux jours qu'il a sauvez.

ÉRASTE

Mon cœur est si surpris d'une telle merveille
Qu'en ce ravissement je doute si je veille.

DAMIS

Célébrons l'heureux sort dont vous allez jouir,
Et que nos Violons viennent nous réjouir!

Comme les Violons veulent jouer, on frappe fort à la porte.

ÉRASTE

Qui frappe là si fort?

L'ESPINE

Monsieur, ce sont des Masques
Qui portent des crin-crins et des tambours de Basques.

Les Masques entrent qui occupent toute la Place.

ÉRASTE

Quoy! Tousjours des Fascheux! Holà! Suisses, icy!
Qu'on me fasse sortir ces gredins que voicy!

BALLET DU TROISIÈME ACTE

PREMIÈRE ENTRÉE

Des Suisses avec des halebardes chassent tous les Masques Fascheux,
et se retirent ensuite pour laisser danser à leur aise,

DERNIÈRE ENTRÉE

quatre Bergers et une Bergère, qui, au sentiment de tous ceux qui l'ont
veue, ferment le Divertissement d'assez bonne grâce.

Extraict du Privilège du Roy.

Par Grâce et Privilège du Roy, donné à Paris le 5 Février, signé : BOUCHET, *il est permis au Sieur* MOLIÈRE *de faire imprimer une Pièce de Théâtre de sa composition, intitulée* les Fascheux, *pendant l'espace de cinq années; et deffences sont faites à tous autres de l'imprimer, sur peine de cinq cens livres d'amande, de tous despens, dommages et interests, comme est porté plus amplement par lesdites Lettres.*

Et ledit Sieur de MOLIÈRE a cédé et transporté le droict du Privilège à GUILLAUME de LUYNE, Marchand libraire à Paris, pour en jouir le temps porté par iceluy.

Et ledit de Luyne a fait part du présent Privilège à CHARLES de SERCY, JEAN GUIGNARD, CLAUDE BARBIN et GABRIEL QUINET, pour en jouir conjointement.

Achevé d'imprimer le 18 Février 1662.

Registré sur le Livre de la Communauté le 13 Février 1662.

Signé : DUBRAY, Syndic.

Les exemplaires ont esté fournis.

LES FASCHEUX

EXPLICATION DES PLANCHES

NOTICE. — Bande ornementale, supportée à ses extrémités par une Sphynge assise; au centre les armes de France.

— Lettre L. Attributs cynégétiques, cor, épieux et couteaux de chasse. Au centre une tête de chien courant.

— Fleuron. Le chapeau à plumes d'Eraste (Acte I, scène I, vers 140-9); des deux côtés, sur les plateaux des rinceaux, une paire de gants et un masque.

FAUX-TITRE. — Deux enfants ailés, couchés à plat ventre dans des coquilles, dont l'eau débordée tombe en filets, soutiennent un médaillon chargé des armoiries de la famille Fouquet, d'argent à l'écureuil rampant de gueules; ce sont des armes parlantes, *fouquet* étant l'ancien nom vulgaire de l'écureuil. La tête radiée, qui couronne le cadre du médaillon, et la fleur de lys sur le lambrequin se rapportent à la présence du Roi aux fêtes de Vaux. En bas une tête fantastique jette de l'eau; un des thèmes de l'ornementation de cette Pièce, jouée au château de Vaux, dont

VII.   10

le parc abondait en bassins, en cascades jaillissantes et en coquilles, a été emprunté à cet ordre de motifs.

GRANDE COMPOSITION. — Eraste et son Valet. Eraste repousse du geste La Montagne, qui veut, malgré lui, peigner sa perruque :

LA MONTAGNE. *Souffrez qu'on peigne un peu…*
ÉRASTE.   *Sottise sans pareille !*
Tu m'as, d'un coup de dent, presque emporté l'oreille.
Acte I, Scène I, vers 135-6.

Au second plan, Orphise, donnant la main à Alcidor, traverse la promenade. Dans le fond, le Jardin et le Palais des Tuileries.

GRAND TITRE. — Grande fenêtre à balcon dont les pilastres latéraux sont à bossages carrés, alternativement décorés d'une coquille ou d'écailles papelonnées. Au milieu du couronnement, le blason de Molière, et, au dessous, le titre de la Pièce. Au fond, une vue des jardins de Vaux avec un large escalier surmonté d'une fontaine. Au premier plan, derrière la balustrade du balcon, le Surintendant Fouquet, tête nue, répond aux questions du Roi, qui est suivi d'un groupe de gens de Cour, tête nue, parmi lesquels Monsieur, frère unique du Roi, et Monsieur Colbert. Le tapis qui tombe du balcon est armorié du blason des Fouquet, et, des deux côtés du nom du libraire, un enfant tient un Dauphin qui lance des jets d'eau dans un bassin.

EPITRE AU ROI. — En-tête. Des deux côtés, la tête rayonnante du Soleil royal sur un champ semé de France. Au centre, le profil du jeune Roi, inspiré de la médaille de 1661, qui figure dans la suite des portraits de Louis XIV, gravée par Gérard Edelinck, d'après les coins de Mauger, pour le grand volume des Médailles sur les principaux événements du règne de Louis XIV, Paris, 1702 (Robert-Dumesnil, VII, numéros 54-133); dans l'édition de 1722, ils ont été regravés d'après les dessins d'Antoine Benoît. Dans l'anneau de la médaille, deux branches de laurier en fleur, mélangées de tournesols; au-dessous, une étroite draperie tombant en demi-cercle et brodée de fleurs de lys.

— Lettre J. Un chien à bout de course et tirant la langue d'essouffle-ment. Sur la haste de la lettre, sommée de l'écusson royal, un cor et deux épieux. On remarquera que les grandes lettres de toute la Pièce sont toujours fleuries en rinceaux d'ornement.

— Fleuron. Sur le devant, M. de Soyecourt, de face, descend les marches du grand escalier de Versailles. Derrière, sur le palier, un Garde de la manche, en faction, et Louis XIV, le chapeau sur la tête, montrant M. de Soyecourt à Molière pour qu'il ajoute aux *Fascheux* une scène de Chasseur, celle de Dorante (Acte II, scène vi). A droite et à gauche, une branche de chêne. En bas, les deux pistolets d'arçon que le campagnard avait apportés « pour courre un cerf ». En haut, un carquois, un arc et les armes de Maximilien de Bellefourrière, Marquis de Soyecourt, de sable semé de fleurs de lys d'or.

AVERTISSEMENT. — En avant d'un portique de treillage, porte formée de deux caryatides de femmes soutenant au-dessus de leurs têtes un rideau qui forme cintre. Au milieu, Molière, en habit de ville et le chapeau à la main, salue le Roi, avec le visage d'un homme surpris, et fait en désordre ses excuses de se trouver seul et de manquer de temps et d'acteurs pour donner à S. M. le divertissement attendu. A droite et à gauche, deux petits bassins avec enfants et jets d'eau; coulisses de charmilles taillées en murailles.

—Lettre J. Sur sa haste, une tête de Folie sert à tenir et à étaler le coup de cartes, les sept carreaux, les trois piques et le six de cœur par lesquels Saint-Bouvain a fait capot le malheureux Alcippe. (Acte II, sc. II, v. 304-45).

— Fleuron. Edicule ornemental supporté, à droite et à gauche, par deux termes de vieillards en caryatides; leurs gaines sont accostées de cornes d'abondance pleines de fleurs. L'architrave supérieure est ornée des armes des Fouquet, et le tailloir des chapiteaux des caryatides est chargé de piles de pièces d'or qui glissent et s'éparpillent dans l'air. Au centre, la Fortune, le pied sur sa roue et qui va être mordue à la jambe par le serpent, *coluber*, armes parlantes de Colbert.

PROLOGUE. — En-tête. Portique supporté par quatre Termes en caryatides, deux Satyres, tenant des flûtes de Pan, et deux jeunes Faunesses, tenant l'une une lyre et l'autre un tambour de basque. Derrière, en avant d'une cascade rocheuse surmontée d'une statue d'Apollon foulant aux pieds le serpent Python, un bassin carré, avec au centre une coquille ouverte, où apparaît Madeleine Béjart en habit de Naïade. A droite et à gauche, sur les côtés du théâtre, des Gentilshommes et, plus loin, des couples de Faunes et de Bergères dansant.

— Lettre P. En avant de la lettre, Louis XIV et le Surintendant Fouquet, tête nue. Au fond les jardins de Vaux.

— Fleuron. Dans un encadrement de rocailles, avec deux Dauphins jetant de l'eau et, en bas, une coquille ornée de perles, le portrait de Paul Pélisson, auteur du Prologue et l'homme le plus laid de France. Au fond, un coin de la vue des tours de la Bastille, où il a été enfermé à la suite du procès de Fouquet.

CADRE DES PERSONNAGES. — Cadre ornemental, sommé des armes de France. Au milieu des montants, à droite, un Satyre avec le placet d'Ormin (Acte III, scène III), à gauche, un autre Satyre avec les cartes d'Alcippe (Acte II, scène II). En bas, sur un plateau, pour rappeler la première Entrée du Ballet qui termine le second Acte, un enfant joueur de boule, et un autre enfant poussant une boule avec un maillet.

ACTE I. — En-tête. Au fond, vue éloignée du château de Vaux au dessus d'une terrasse, décorée de niches avec cascades d'eaux, qui sont entre deux escaliers comme à l'Orangerie de Versailles. Au premier plan, un Marquis Fâcheux :

Au milieu du devant ayant planté sa chaise
Et de son large dos morguant les spectateurs (Scène I, vers 32-3).

A droite et à gauche, d'autres Gentilshommes, debout et assis, attendent la représentation. En haut, un cartouche avec le titre de la Pièce et sommé des armes des Fouquet.

— Lettre S, dont les deux extrémités se terminent par une tête barbue, et dont le corps médial est couvert d'écailles papelonnées. La Montagne, Valet d'Eraste, ayant laissé tomber le chapeau de son Maître, le ramasse, et celui-ci lui dit avec dépit :

> . . . . *Le voilà par terre ;*
> *Je suis fort avancé. Que la fièvre te serre!* (Scène I, vers 147-8).

La bordure est composée d'enfants sortant de coquilles de vignots.

— Fleuron. La scène de la danse (Scène III, vers 180-208). Lisandre, en riche manteau, esquisse les pas de la Courante qu'il veut apprendre à Eraste. Dans les rinceaux, à gauche, un petit Amour ; à droite, un petit Musicien, en habit rayé, joue du violon pour accompagner la danse de Lisandre. Au dessus du cadre, deux grues à crêtes se penchent pour boire dans deux coquilles.

ACTE II. — En-tête. En avant de berceaux de treillages, de verdure et de rocailles, avec des jets d'eau et, à droite et à gauche, des Faunesses à pieds de chèvres et leurs enfants — Eraste, entre Clymène et Orante. C'est la fin de la Scène IV, où Eraste dit à ses Fâcheuses :

> *Le jaloux aime plus, et l'autre aime bien mieux.* (Vers 466).

— Lettre L. Alcippe montrant ses cartes à Eraste et lui disant :

> *Console-moy, Marquis, d'une étrange partie* (Scène II, vers 304).

Dans la bordure, des enfants, sortant de coquilles de nautiles.

— Fleuron. Dorante ayant, de rage, donné des deux à son cheval, et s'en revenant chez lui toujours courant (Scène VI, vers 584-5) pour se sauver du campagnard qui tue les cerfs d'un coup de pistolet. Le cadre, posé sur une terrasse de rocailles, est accosté de deux chiens. Au-dessous, un trophée d'attributs de chasse, carquois, fusils, épieux, cors, traversés à gauche par un lièvre et à droite par un faisan, pistolets d'arçon et poire à poudre.

ACTE III. — En-tête. Un portique de trois arcades de treillage, avec, dans les arcades de droite et de gauche, un Triton et une Tritonne ver-

sant de l'eau dans des coquilles. Dans l'arcade centrale, sur un fond de
jardin, Eraste donnant à Ormin deux pistoles pour se débarrasser de lui :

> . . . . *Plust à Dieu qu'à ce prix*
> *De tous les Importuns je pusse me voir quitte!* (Scène III, vers 738-9).

— Lettre I. Eraste, et Caritidès, lui disant :

> *C'est un Placet, Monsieur, que je voudrois vous lire* (Scène II, vers 648).

Fond de jardin derrière un portique, supporté par deux termes de vieillards
et se rattachant à la lettre, qui est ornée de coquillages. Le cadre est
formé de coquilles d'où sortent des enfants, ouvrant les bras pour tenir
l'ornement qui les relie.

— Fleuron. Fin de la scène IV. Eraste, dans une allée du Cours,
disant :

> *Ils m'auront fait passer l'heure qu'on m'a donnée* (Vers 772).

Le cadre, en hauteur, est accompagné de rinceaux sortant des bouches
de têtes d'hommes barbus.

FIN DE LA TABLE DES ILLUSTRATIONS

ACHEVÉ D'IMPRIMER A ÉVREUX

PAR CHARLES HÉRISSEY

LE VINGT MAI MIL HUIT CENT QUATRE-VINGT-QUATRE

POUR LE COMPTE DE JULES LEMONNYER

ÉDITEUR A PARIS

A
MOLIERE

1622   1673

A
MOLIERE

1622   1673